Trude Ehlert

Das Kochbuch des Mittelalters

DAS KOCHBUCH DES MITTELALTERS

Rezepte aus alter Zeit,
eingeleitet, erläutert und
ausprobiert von
Trude Ehlert

Albatros

Für meine Mutter,
von der ich die Freude am Kochen
und an der Gastlichkeit habe.

Titel der Originalausgabe:
Das Kochbuch des Mittelalters

Die Deutsche Bibliothek – CIP-Einheitsaufnahme

Ein Titeldatensatz für diese Publikation ist bei
Der Deutschen Bibliothek erhältlich.

Druck und Bindung: Offizin Andersen Nexö, Leipzig
ISBN 3-491-96003-7

Inhalt

Einführung

Essen und Trinken im Mittelalter

Als im Jahre 1248 im Franziskanerkloster von Sens der französische König Ludwig IX., der Heilige, gemeinsam mit den Oberen des Franziskanerordens tafelte, wurde nach Auskunft des italienischen Historiographen Salimbene von Parma folgendes gereicht: zuerst Kirschen, dann Weißbrot, vorzüglicher Wein, junge dicke Bohnen in Milch gekocht, Fische und Krebse, Aalpasteten, Reis mit Mandelmilch und Zimt, gebratene Aale mit erstklassiger Sauce, Torten, Kuchen und schließlich Früchte. Gut ein halbes Jahrhundert später läßt im Jahre 1303 der Magistrat der Stadt Weißenfels für den Bischof Benno von Zeitz aus Anlaß der Einweihung der Weißenfelser Stadtkirche eine zweitägige Feier veranstalten; am ersten Tag werden zum Festessen serviert: Eiersuppe mit Safran, Pfefferkörnern und Honig, Hirsegemüse, Schaffleisch mit Zwiebeln, gebratenes Huhn mit Zwetschgen, Stockfisch mit Öl und Rosinen, in Öl gebackene Bleie, gesottener Aal mit Pfeffer, gerösteter Bückling mit Leipziger Senf, sauer zubereitete, gesottene Fische, gebackene Barben, in Schmalz zart gebratene kleine Vögel mit Rettich, eine Schweinskeule mit Gurken. Am zweiten Tag gab es Schweinefleisch, Eierkuchen mit Honig und Weinbeeren, gebratenen Hering, kleine Fische mit Rosen, aufgebratene Bleie, gebratene Gans mit roten Rüben, gesalzene Hechte mit Petersilie, Salat mit Eiern, Gallert und Mandeln.

Wenn – was leider allzu selten geschieht – Chronisten derartige Speisefolgen überliefern, läßt die Vielzahl der Gerichte und die Verschiedenheit der Zubereitungsarten bei flüchtiger Lektüre Assoziationen an das Schlaraffenland aufkommen. Doch was sagen diese Berichte bei genauerem Hinsehen über Essen und Trinken im Mittelalter aus?

Essen im Mittelalter – wie im Schlaraffenland?

Die in den beiden Menüplänen erwähnten Gerichte sind Bestandteile von Festessen. Sie werden nur beschrieben, weil die festlichen Begegnungen des Königs mit den Ordensspitzen und des Magistrats mit dem zuständigen Bischof den Chronisten der Aufzeichnung wert sind, denn das festliche Mahl mit seinen zahlreichen Gängen ist Zeichen für die angemessene Würde, in der Gastgeber und Gäste miteinander umgehen, und für die Ehre, die man einander erweist. In diesen Speisefolgen sind also nicht Alltags-, sondern Festspeisen überliefert.

Die da miteinander speisen, sind in beiden Fällen hochgestellte Persönlichkeiten: der König, geistliche Würdenträger und die Spitzen der städtischen Oberschicht. Die edlen Dinge, die ihnen aufgetischt werden, wie Weißbrot und Wein, Reis mit Mandelmilch und Zimt, oder Eiersuppe mit

Safran und Pfeffer, gehören zur Herrenspeise, nicht zur Bauernspeise, eine Unterscheidung, die immer wieder vor allem in der didaktischen Literatur des Mittelalters begegnet, in der die ständische Gebundenheit der Ernährung als vorgegeben gelehrt wird.

Aber nicht nur die ständische Gebundenheit der Speisen ist an den Speiseplänen ablesbar. Kirschen und frische Bohnen lassen darauf schließen, daß die Mahlzeit in Sens im Frühsommer stattfand (es war der 7. Juni); die Zwetschgen zum gebratenen Huhn und die roten Beete zur gebratenen Gans deuten auf ein spätherbstliches Essen hin, wenn man nicht von getrockneten Zwetschgen und sauer eingelegten roten Beeten ausgehen will. Weit mehr, als wir uns das heute, da wir zu Weihnachten frische Erdbeeren oder tiefgekühlte Himbeeren auf den Tisch bringen können, vorzustellen vermögen, war das Essen im Mittelalter von dem jahreszeitlichen Angebot an Früchten und Gemüsen und selbst an Fleisch abhängig, da es nur wenige Konservierungsmöglichkeiten gab.

Vergleicht man die beiden Speisepläne miteinander, so fällt auf, daß auf König Ludwigs Tisch kein Fleisch zu finden ist – sein Festmahl fand also offensichtlich an einem Fasttag statt. Der Bischof hingegen bekam neben verschiedenen Fischen auch Fleisch von Hühnern, Gänsen, Schafen und Schweinen vorgesetzt; es kann demnach kein Fasttag gewesen sein. Was gegessen wird, ist im Mittelalter also nicht nur von der natürlichen Jahreszeit abhängig, sondern auch vom Kirchenkalender, der das Jahr in Fastenzeiten und Nicht-Fastenzeiten einteilt.

Alltags- und Festspeise, Herren- und Bauernspeise

An Festtagen, im Herbst nach einem ertragreichen Sommer und in der Zeit des Schlachtens hat es den Überfluß wohl wirklich gegeben, den Berichte von Festgelagen wie die oben zitierten suggerieren. Das Übermaß an Essen, vor dem sowohl moraldidaktische als auch medizinisch-diätetische Schriften immer wieder warnen, steht aber in krassem Gegensatz zu Hungersnöten nach Mißernten, von denen vor allem Bauern und Leibeigene getroffen werden, weil sie ihre Abgaben in Naturalien leisten müssen und sich nicht durch den Ankauf von Nahrungsmitteln behelfen können. Und anders als heute, da Saatgetreide auf dem Weltmarkt stets zur Verfügung steht, folgt auf den überwiegend regional beschickten Märkten des Mittelalters einer Mißernte sofort eine Teuerung, weil kein ausreichendes Saatgetreide vorhanden ist. Geringere Aussaat und neue Mißernte sind oft die Konsequenz. Große Schwankungen zwischen Überfluß und Mangel und die Ungewißheit, ob morgen noch soviel dasein wird wie heute, machen die Lust am vielen und guten Essen verständlich, die von spätmittelalterlichen Liederdichtern wie Steinmar und Hadlaub besungen, aber von Satirikern wie Sebastian Brant als Narretei getadelt wird. Die Erfahrung von Hunger und Mangel befördert auch die Phantasien vom Schlaraffenland, in dem einem gebratene Tauben direkt in den Mund fliegen. Das Alltagsessen aber war sicherlich geprägt von den Schwankungen zwischen Mangel und Überfluß, wenn auch für die Menschen der verschiedenen sozialen Schichten, für Herren und Bauern, in unterschiedlichem Maße.

Wenn in der mittelalterlichen Literatur zwischen Herren- und Bauernspeise unterschieden wird, so sind mit dem Wort «Herren» diejenigen bezeichnet, die über Land und Leute Verfügungsgewalt besitzen und Abgaben von den Bauern erhalten, die dieses Land bewirtschaften; Herren sind also vor allem die Adeligen, aber auch die hohe Geistlichkeit, die sich ja zumeist aus dem Adel rekrutiert, während das Wort «Bauern» die meist in Abhängigkeit auf dem Lande Arbeitenden meint. Ende des 13. Jahrhunderts, einer Zeit steigender wirtschaftlicher Prosperität der Bauern, in der die gewohnten, rechtlich abgesicherten Standesgrenzen durchlässig zu werden beginnen, ruft der Satiriker Seifrit Helbling dazu auf, die Bauern, die sich nicht mehr mit den ihnen nach ihrem Stand zukommenden Speisen begnügen wollen, in die Schranken zu weisen, und er vergleicht zur Abschreckung das Bestreben der Bauern, an der Herrenspeise zu partizipieren, mit einer folgenschweren Naturkatastrophe:

Den Bauern bestimmt man zur Speise
Fleisch und Kraut und Gerstenbrei;
ohne Wildbret sollten sie sein,
am Fasttag Hanf, Linsen und Bohnen;
Fisch in Öl sollten sie schon
die Herren essen lassen, das war so Brauch.
Nun essen sie mit den Herren
alles, was man Gutes finden kann.
Das ist für das Land ein Hagelschlag. (VIII, 880–888)

Etwa zur gleichen Zeit meint Hugo von Trimberg etwas beschönigend:

Mancher Bauer wird grau wie Schimmel
und hat nie Blancmanger gegessen,
Feigen, Hausen, Mandelkerne:
Rüben und Sauerkraut aß er gern,
und es war ihm manchmal recht wohl
bei einer Rinde von Haferbrot
wie einem Herrn bei Wild und Schlachtfleisch. (9812–9819)

Aus diesen und ähnlichen Texten, die der moralischen Bestärkung ständisch gebundener Ernährungsregeln gelten, sowie aus den historischen Berichten von Festmählern läßt sich ablesen, was im einzelnen zur Herren- und was zur Bauernspeise gehört.

Ein wichtiges Unterscheidungsmerkmal in einer Zeit, in der Getreideprodukte vor allem in den unteren sozialen Schichten einen wesentlichen Teil der Nahrung darstellen, ist das Brotgetreide. Das aus fein gemahlenem Weizenmehl hergestellte Weißbrot ist dem Herrentisch reserviert, während Hafer- oder Roggenbrot auf dem bäuerlichen Tisch zu finden ist. Dort ergänzen Getreidebreie vor allem aus Gerste oder Hafer, seltener aus Hirse oder Dinkel die Grundnahrung. Überhaupt ist der Anteil vegetabiler Nahrung in der bäuerlichen Küche weit höher als in der Herrenküche, in der das Fleisch eine sehr viel wichtigere Rolle spielt. Einziges Importgetreide auf dem Herrentisch ist der Reis, der als Grundlage von Gerichten wie auch als Bindemittel verwendet wird. Buchweizen gelangt erst im 15. Jahrhundert allmählich aus Asien nach Mitteleuropa. Alle Arten von heimischen Gemüsen werden gegessen, vor allem Rüben und verschiedene Sorten Kohl, daneben aber auch Lauch, Rettich, Möhren, Zwiebeln, Kürbisse und Gurken, die zuerst in Klostergärten kultiviert wurden, Fenchel, verschiedene Salatarten wie etwa Rapunzel, ferner Erbsen, Linsen und dicke Bohnen. Die weißen und die grünen Bohnen kamen erst nach der Entdeckung Amerikas nach Europa. Besonders Rüben und Kohl – dieser auch in Form von Sauerkraut – gelten als Bauernspeise und werden in bäuerlichen Haushalten in großen Mengen verzehrt; aber sie sind ebenso wie die anderen Gemüsearten, darunter vor allem die Erbsen, auch auf dem Herrentisch zu finden. Einige Rezepte für Hanfgemüse in österreichischen Handschriften belegen, daß Hanf dort als Gemüsepflanze angebaut wurde. Pilze werden dagegen in den ältesten Kochbüchern nicht erwähnt.

Von den Fleischsorten ist das Wild dem Herrentisch vorbehalten, weil der Adel das Jagdprivileg innehat. Wildschwein, Hirsch, Reh, Dachs, Hase, Bär, Steinbock, Gemse, Eichhorn, Igel (von dessen Gesundheit Hildegard von Bingen glaubt, daß sie auf den Menschen übergehe) und viele Federwildarten, darunter Wachteln, Rebhühner, Fasanen, Wildenten, Tauben, Kleinvögel wie Kiebitze, Krammetsvögel, Drosseln oder Sperlinge, aber auch Reiher und Kraniche, werden genossen; dennoch beträgt der Anteil des Wilds an der fleischhaltigen Nahrung, wie Untersuchungen der Knochenfunde in häuslichen Abfällen belegen, auf ländlichen Adelssitzen kaum mehr als 5 %, in den spätmittelalterlichen Städten sogar nur zwischen 0,7 und 3 %.

Der Großteil des Fleischs wird also von den Haustieren geliefert. Davon kommen auf den Herrentisch die Bratenstücke von Kalb, Rind und Schwein, aber auch von Schafen und Ziegen, ferner Schweser sowie an Innereien Hirn, Leber und Bries. Vom Geflügel sind auf dem Herrentisch nicht nur Hühner, Kapaune, Enten und Gänse zu finden, sondern auch Schwäne und Pfauen, die im Spätmittelalter eigens in Volieren gehalten werden. Im bäuerlichen Haushalt werden Schweinespeck und Würste, Schaf- und Ziegenfleisch sowie an Innereien auch Lunge und Niere verwertet. Geflügel wird auf dem Bauernhof gehalten, ist aber zum großen Teil für die Naturalabgaben bestimmt. Dennoch werden Hühner, Enten und Gänse auch in der bäuerlichen Küche verarbeitet.

Eier, Milch und Milchprodukte werden sowohl in der bäuerlichen als auch in der Herrenküche verwendet. Ungewöhnlich hoch ist dabei der Anteil des Hühnereiweißes an herrschaftlicher Nahrung, weil das Fleisch, sofern es nicht am Spieß gebraten wird, meistens mehrfachen Garprozessen ausgesetzt wird: man brät oder kocht es zunächst, zerkleinert es, würzt es und verarbeitet es dann mit Hilfe von Eiern und Bindemitteln zu Pasteten oder sogenannten *holbraten*, großen, bratenförmigen Fleischklößen, die dann am Spieß oder auf dem Rost nochmals gebraten werden.

Obgleich Seifrit Helbling auch den Fisch den Herren reservieren möchte, verzehren in der Fastenzeit auch Bauern Fische. Während sie aber auf das angewiesen sind, was nahegelegene Flüsse hergeben, gehören Lachs, Hecht, Barsch und Aal zur Herrenspeise. Diese Fische kommen oft, ebenso wie Hering oder Kabeljau, eingesalzen auf den Markt und werden, wie auch der Stockfisch, über den Fernhandel vertrieben. Aus den heimischen Gewässern stammen Neunauge, Hausen, Äsche, Forelle und viele nur regional verbreitete Fischarten. Besonders begehrt ist der Hausen, eine Störart, weil man seine Schwimmblase in warmem Wasser auflösen und als Geliermittel verwenden kann.

Als Fett dienen der Herren- wie der bäuerlichen Küche in erster Linie Schweineschmalz und Speck. In der Herrenküche wird dies ergänzt durch Öl und im Spätmittelalter zunehmend auch durch Butter.

Heimische Früchte, wie Kirschen, Äpfel, Birnen, Quitten, Pflaumen, Schlehen, Pfirsiche, Erdbeeren, Johannisbeeren, Stachelbeeren, Brombeeren, Blaubeeren, Hagebutten, Holunderbeeren und Haselnüsse, stehen sowohl den Bauern als auch den Herren zur Verfügung. Für größere Vielfalt auf dem Herrentisch sorgen zusätzlich Weintrauben, getrocknete Weinbeeren und importierte Früchte wie getrocknete Feigen und Datteln, ferner Mandeln, Pomeranzen und Limonen. Vor allem Mandeln sind in der herrschaftlichen Küche unentbehrlich, da viele Gerichte auf der Basis von Mandelmilch hergestellt werden, einer Mischung aus im Mörser sehr fein zerstoßenen Mandeln mit Wasser und Wein (vgl. Rezept S. 33), die besonders als Milchersatz in der Fastenzeit Verwendung findet, aber auch außerhalb der Fastenzeit zahlreiche Gerichte verfeinern kann, so z. B. das von Hugo von Trimberg erwähnte Blancmanger aus Mandelmilch und Hühner- oder Kalbfleisch oder Fisch (vgl. Rezept S. 123). Mandeln sind auch wichtigste Zutat für Marzipan, das bereits der berühmte katalanische Arzt Arnald von Villanova (gest. 1311) als *marzapan* erwähnt und dessen Zubereitung u. a. die Augsburger Patriziertochter Sabina Welserin in ihrem 1553 begonnenen, handschriftlichen Kochbuch beschreibt.

Zum Würzen dienen heimische Kräuter, wie Petersilie, Minze, Salbei,

Raute, Anis, Dill, Kümmel, alle Arten von Lauch, Schalotten (die ihren Namen der Stadt Askalon verdanken), Liebstöckel, Fenchelsamen, Kerbel, Senf, Brunnenkresse, Wacholderbeeren, Sellerie, Meerrettich. In der herrschaftlichen Küche spielen daneben vor allem die Importgewürze eine wesentliche Rolle. Am berühmtesten ist natürlich der Pfeffer, durch den manche Fernkaufmannsfamilie zu Reichtum gelangte. Sehr häufig verwendet werden aber auch Zimt, Kardamom, Ingwer, Galgant aus der Familie der Ingwergewächse, Gewürznelken, Muskatnuß und Muskatblüte, ein aus dem Samenmantel der Muskatnuß gewonnenes, stark duftendes Gewürz, das heute auch unter dem Namen Macis bekannt und in Apotheken erhältlich ist, sowie der zum Würzen wie zum Färben benutzte Safran. Für unseren heutigen Geschmack ungewohnt ist die Kombination dieser Gewürze mit Fleisch oder Fisch, wie es heute noch in der orientalischen Küche üblich ist. Alle diese Gewürze sind Luxusgüter und nur den Wohlhabenden erschwinglich. So kosten laut den Abrechnungen des Stifts Klosterneuburg bei Wien in den Jahren 1420/21 jeweils pro Pfund: Pfeffer 26 Kreuzer, Ingwer 32 Kreuzer, Zimt 40 Kreuzer, Muskat etwa 48 Kreuzer; an der Spitze steht Safran mit 180 Kreuzern, die den Gegenwert eines Pferdes darstellen.

Über die Menge der jeweils verwendeten Gewürze wissen wir sehr wenig, da mittelalterliche Kochbücher fast nie Mengenangaben enthalten; wenn sie aber Mengen angeben, sind die Angaben oft nicht vollständig, oder es ist nur schwer zu eruieren, was den genannten Maßeinheiten heute entspricht. Wenn sich Mengenverhältnisse doch einmal ermitteln lassen, wie etwa im Rezept der Sabina Welserin für Nürnberger Lebkuchen (vgl. Rezept S. 209), dann sind die geforderten Mengen für unseren Geschmack so groß, daß die Speise sehr scharf würde, wenn man die Angaben genau übernähme. Die Frage nach dem Grund dieser ungewöhnlichen Gewürzmengen ist verschieden beantwortet worden, ohne daß eine Antwort Ausschließlichkeit beanspruchen könnte. Erstens ist es natürlich denkbar, daß man im Mittelalter und in der frühen Neuzeit tatsächlich schärfer zu essen liebte als heute. Es ist zudem zweitens denkbar, daß der Mangel an Konservierungsmöglichkeiten dazu führte, daß Fleisch leichter einen Hautgout bekam, den man mit den Gewürzen zu übertönen suchte. Allerdings ist gegen dieses Argument eingewendet worden, daß die Menschen im Mittelalter sich sicher nicht dauernd am Rande einer Fleischvergiftung bewegten, sondern sehr wohl wußten, daß fauliger Geruch von Fleisch oder Fisch dessen Gefährlichkeit signalisiert. Übertönen aber konnte starke Würze drittens auch den hervorstechenden Geschmack von Salz bei eingesalzenem Fleisch, Fisch oder Gemüse, das Ausgangsprodukt für viele Gerichte gewesen sein muß, weil das Einsalzen eine der wenigen langfristig wirksamen Konservierungsmethoden war. Viertens konnte man dadurch, daß man exotische Gewürze überaus reichlich verwendete, seinen Reichtum demonstrieren. Im Unterschied dazu fordert der auf Sparsamkeit bedachte Graf Joachim von Öttingen zu Beginn des

16. Jahrhunderts in seiner Haushaltsordnung seinen Koch auf, an Fleischtagen und vor allem im Sommer, aber auch ganz generell, nicht so viele Gewürze zu benutzen; er kämpft damit offenbar gegen eine bestehende Sitte. Fünftens hatten gerade die asiatischen Gewürze wie Pfeffer, Galgant, Ingwer, Zimt lange Transportwege auf Kamelkarawanen und per Schiff in oft stürmischer See hinter sich, so daß die ätherischen Öle, die den Geschmack der Gewürze ausmachen, schon zu einem Teil verflogen sein mochten, bevor die Gewürze Mittel- und Nordeuropa erreichten. Bei manchen exotischen wie einheimischen Gewürzen führt schließlich sechstens nicht selten der Glaube an deren Heilkraft zu vermehrtem Gebrauch.

Von den typisch mediterranen Gewürzen Majoran, Rosmarin, Thymian und Basilikum, das seinen Namen angeblich Alexander dem Großen verdankt (griech. *basileus* = König), weil er es auf seinen Indienzügen entdeckte, werden Rosmarin im Mittelalter nördlich der Alpen kaum, Basilikum, Majoran und Thymian erst seit dem ausgehenden 15. oder dem 16. Jahrhundert verwendet.

Gesüßt wird bis in das Spätmittelalter hauptsächlich mit Honig. Aber der Rohrzucker ist seit dem 8. Jahrhundert in Süditalien bekannt, doch erst in der Zeit der Kreuzzüge verbreitet sich die Kenntnis der Rohrzuckergewinnung über ganz Europa. Zucker wird nun in steigendem Maße importiert, gehört aber lange Zeit noch zu den Luxusgütern. Das läßt sich an den Preisen ablesen: In Klosterneuburg kostet im Jahre 1420/21 ein Pfund Zucker 16,8 Kreuzer; 11 Pfund Zucker haben also ungefähr den Wert eines Pferdes. Erst nachdem Andreas Sigismund Markgraff 1747 entdeckt hatte, daß man aus der Runkelrübe Zucker gewinnen kann, und nachdem im 19. Jahrhundert die industrielle Rübenzuckergewinnung und der Import von den Zukkerrohrplantagen der Kolonialmächte große Mengen von Zucker auf die europäischen Märkte brachte, sanken die Preise. Daß der Verbrauch von Zucker selbst in der frühen Neuzeit von den heutigen Mengen (1988: 35,0 kg pro Kopf in der Bundesrepublik Deutschland) noch weit entfernt ist, zeigen die Haushaltsrechnungen des Nürnberger Ratsherrn Anton Tucher. Im Jahre 1512 verbraucht er neben 10 Pfund Reis und immerhin 8 Pfund Gewürzen nur ganze 22 Pfund Zucker; das ist eine geringe Menge, wenn man bedenkt, daß sie sich auf einen vielköpfigen, sicherlich zur Repräsentation verpflichteten Haushalt bezieht.

Auch in den Getränken unterscheiden sich Herr und Bauer. Während auf der herrschaftlichen Tafel neben Wasser in erster Linie Wein, meist als Würzwein, und bis zum 12./13. Jahrhundert auch noch Met gereicht wird, finden sich auf dem bäuerlichen Tisch außer Wasser vor allem Bier, Obstsäfte und Obstweine und seit dem 13. Jahrhundert auch Met.

Der soziale Unterschied dokumentiert sich nicht nur in den verschiedenen Ingredienzien, sondern auch in der Anzahl der Gänge, die den einzelnen Personengruppen vorgesetzt werden. So bestimmt Graf Joachim von Öttingen in seiner Haushaltsordnung zu Beginn des 16. Jahrhunderts, daß auf seinem Tisch beim Mittagessen einschließlich Voressen neun Gänge mit unterschiedlichen Gerichten serviert werden sollen; auf den Tisch der Räte und Jungfrauen gelangen sechs, auf den der Priester und Edelleute fünf, auf den der Pferdeknechte ebenfalls fünf Gänge, aber mit weniger Varianten als bei den vorhergehenden Gruppen; die Torwächter, Bauknechte, Jägerbuben und Arbeiter erhalten vier Gänge. Dabei macht nicht die Menge der angebotenen Speisen den Unterschied zwischen dem Herrentisch und den Tischen der am Hofe Lebenden und Bediensteten aus, sondern die größere Varianz in Zutaten und Zubereitung.

Nicht nur Didaktiker und Satiriker, welche die Bewahrung bestehender Speisenormen propagieren, setzen sich für eine Beschneidung der mit dem Speiseluxus verbundenen Repräsentationswünsche und -ansprüche ein. Philipp III., der Kühne, von Frankreich erläßt 1279 ein Gesetz, «daß kein Herzog, kein Baron, kein Graf, kein Prälat, kein Ritter, kein Kleriker und niemand sonst im Königreich, welchen Standes er auch sei, zum Essen mehr als drei ganz gewöhnliche Gänge ausgeben dürfe». Etwas erleichtert wird das strenge Verbot dadurch, daß Obst und Käse, sofern sie nicht in Torten oder Aufläufen verarbeitet waren, nicht mitgezählt werden. Außerdem muß man wissen, daß ein Gang nicht wie heute aus einem Gericht mit seinen Beilagen besteht, sondern einen Gang des Küchenpersonals zur Küche meint, bei dem in der Regel wenigstens zwei, meist aber mehrere, nicht selten bis zu zehn verschiedene Gerichte gleichzeitig aufgetragen werden. Diese Sitte entspringt nicht nur dem Bedürfnis, durch die Opulenz der Speisen den eigenen gesellschaftlichen Rang zu dokumentieren, sondern vor allem auch der höflichen Rücksichtnahme auf jene Gäste, welche die eine oder andere Speise eines Ganges nicht vertragen oder nicht mögen. Aus diesem Grunde hatte schon Benedikt von Nursia (gest. 547) in seiner Ordensregel den Mönchen gestattet, zur Hauptmahlzeit auf jedem Tisch zwei gekochte Gerichte zu servieren: «wer von der einen Speise etwa nicht essen kann, hat so die Möglichkeit, sich an der anderen zu sättigen» (cap. 39,2).

Der Aufwand, der mit Festessen getrieben wird, führt nicht selten in den Ruin. Um den ruinösen Prunk patrizischer Hochzeitsmähler einzudämmen, erläßt 1335 der Magistrat der Stadt Berlin eine Beschränkung auf höchstens fünf Gänge; zugleich wird die Teilnehmerzahl durch die vorgeschriebene Anzahl von höchstens 40 Vorlegeschüsseln begrenzt. Da in der Regel eine Vorlegeschüssel für zwei Personen serviert wird, ist also mit maximal 80 Gästen zu rechnen.

Zu den Höhepunkten vor allem fürstlicher Festessen gehören die Schaugerichte: Kunstvolle Aufbauten aus Pastetenteig mit Vögeln, denen nach dem Braten die Federn wieder angesteckt werden, oder feuerspeiende Wildschweinköpfe, deren Herstellung u. a. auch das Kochbuch der Grazer Handschrift 1609 beschreibt, gehören dazu. Bei der Hochzeit Herzog Wilhelms V. von Bayern mit Renata von Lothringen im Jahre 1568 wurde gar ein ganzes Labyrinth mit Rittern und Damen, Schlössern und Gärten, in denen die Göttinnen Ceres, Diana und Pomona lustwandelten, aufgetragen. Ein Zoo mit vielerlei Tieren vervollständigte das Ganze.

Ähnlich wie es auf dem Lande einen Unterschied zwischen Herrenspeise und Bauernspeise gibt, unterscheiden sich auch in der Stadt Patrizier und einfache Stadtbewohner in ihren Ernährungsgewohnheiten, auch wenn dieser Unterschied in den moralisierenden, normativen Texten nicht expliziert wird. Die Patrizier orientieren sich in ihren Lebensgewohnheiten am Adel und übernehmen auch dessen Speisenormen, während die Unterschichten der bäuerlichen Ernährungsweise zuneigen. Die Geldwirtschaft, das Angebot städtischer Märkte und wachsende Prosperität vor allem der Handwerker lassen im Spätmittelalter starre Grenzen aber auch hier aufbrechen.

Essen je nach Jahreszeit und Konservierungsmöglichkeiten

Wenn wir heute frische Erdbeeren, Himbeeren oder Kirschen im Dezember auf unseren Märkten finden, dann machen wir uns nur selten klar, daß es kaum länger als 25 bis 30 Jahre her ist, seitdem man dieses Obst per Luftfracht aus den jeweiligen Anbaugebieten nach Europa zu bringen begann. Für uns werden die Grenzen zwischen den Jahreszeiten fließend. Ganz anders im Mittelalter. Weil man weder schnelle Fernverkehrsmittel noch effektive und produktschonende Konservierungsmöglichkeiten hat, ist man auf die Gemüse und Früchte, aber auch das Fleisch der jeweiligen Saison angewiesen. In weit stärkerem Maße ist also auch der Küchenzettel jahreszeitlich bestimmt. Schlachtzeit für Rinder, Schweine und Schafe sind die Monate Oktober und November, und zwar aus zwei Gründen: Erstens braucht man dann die Tiere nicht durch den Winter zu füttern; auf den November-Bildern der Stundenbücherkalendarien ist sehr schön festgehalten, wie die Schweine noch einmal in den Wald gejagt werden, damit sie sich mit Eicheln vollfressen, bevor sie geschlachtet werden. Und zweitens bietet die kalte Jahreszeit die besseren Bedingungen für die Verarbeitung und Konservierung des Fleisches. Außerdem werden zu Martini (11. November), dem Beginn des Wirtschaftsjahres, die Naturalabgaben fällig, die u. a. in Form von Schlachtfleisch und Geflügel geleistet werden. Der Brauch des Martinigansessens hat hier seine Wurzeln.

Von den Konservierungsmethoden, die man im Mittelalter kennt, eignen sich das Trocknen, das Räuchern und das Einsalzen für längerfristiges Aufbewahren. Getrocknet werden vor allem magere Fleischsorten und Fische, Erbsen, Bohnen, Linsen; auch Äpfel, Birnen, Weinbeeren, Kirschen und Pflaumen werden getrocknet oder im Ofen gedörrt. Fettere Fleischsorten, Würste und Fische werden dagegen geräuchert. Eingesalzen oder gepökelt werden Fische, insbesondere Seefische, die man als Fastenspeise ins Inland verfrachtet, aber auch Fleisch, dicke Bohnen und Erbsen. Kohl wurde durch Einsäuern längerfristig haltbar gemacht: *cumpost* (aus lat. *compositus;* der Begriff bezeichnet ursprünglich das Einlegen von Oliven in Salzlake, wird dann aber auch auf andere Arten des Haltbarmachens übertragen), wie das Sauerkraut genannt wird, ist eines der am weitesten verbreiteten Nahrungsmittel. Mittelfristig kann auch das Beizen in Essig oder Wein Fleisch oder Fisch länger haltbar machen. Früchte werden eingekocht und mit Galgant oder Ingwer gewürzt, was ebenfalls als *cumpost* bezeichnet wird, eine Vorform des damit auch wortgeschichtlich verwandten Kompotts. Werden die Früchte noch weiter eingedickt zu einer zähen Masse, so erhält man Latwerge (aus spätlat. *elactuarium,* zu griech. *eleikton, eleikma* «Arznei»), die als Konfekt benutzt wird.

Fasttage, Fleischtage

Nicht nur von sozialen Normen und den natürlichen Bedingungen des Jahreszeitenwechsels waren Essen und Trinken im Mittelalter geprägt. Auch religiöse Gebote haben erheblichen Einfluß auf die Eßgewohnheiten. Diese Gebote oder genauer gesagt: Verbote betreffen zum einen bestimmte Zeiten, zum anderen bestimmte Personengruppen.

Die Fastenzeiten sind weit umfangreicher, als es heute gemeinhin wahrgenommen wird. Sie umfassen die vierzigtägige Fastenzeit vor Ostern, drei Bittage vor Christi Himmelfahrt, die vier Quatember (also jeweils Mittwoch, Freitag und Samstag zu Beginn jedes Vierteljahres: nach dem 3. Advent, dem ersten Fastensonntag, nach Pfingsten und nach dem 14. September), die Vorabende der wichtigsten Heiligenfeste sowie jeden Freitag und Samstag. Die Anzahl der Fasttage ist so hoch, daß jährlich kaum mehr als 230 Fleischtage zu verzeichnen sind. An Fasttagen soll auf Fleisch verzichtet werden; erlaubt sind Gemüse und Fisch. Nach strengerer Auffassung dürfen auch keine Eier, keine Milch und keine Milchprodukte (wie z. B. Quark oder Käse) verzehrt werden. Erst ab 1491 ist dies offiziell gestattet, scheint aber schon lange vorher Praxis gewesen zu sein; jedenfalls lassen überlieferte Fastenspeisepläne wie Fastenrezepte nicht selten den Gebrauch von Eiern, Milch und Käse erkennen. Eine Ausnahme stellt der aus dem Jahr 1485 stammende Speiseplan einer Hauptmahlzeit für einen Bischof auf der Kärntner Burg Finkenstein dar; hier wurde folgendes serviert:

1. Mandelmus mit Kügelchen aus Weißbrot
2. frische Fische gesotten
3. Kraut mit gebratenen Forellen
4. in Wein gekochte Krebse, zu einem Mus verarbeitet und mit Gewürznelken bestreut.
5. Feigen in Wein gekocht, mit schwimmenden Mandelkernen darin
6. gekochter Reis mit Mandelmilch, mit Mandelkernen besteckt

7. Forellen in Wein gesotten
8. Krebse in Wein gekocht
9. Schmalzgebäck mit Weinbeeren im Teig
10. verschiedene Gattungen von Birnen; Äpfel; Nüsse.

Dieses Menü enthält allenfalls im Schmalzgebäck ein paar Eier, aber keine Milch oder Milchprodukte. Zugleich zeigt es, daß Fasten nicht den völligen Verzicht auf Nahrung bedeutete, sondern nur den Verzicht auf bestimmte Nahrungsmittel – satt geworden sein dürfte der Bischof auf jeden Fall. Nicht alle halten sich aber so streng an die Fastengebote wie dieser Bischof; und manche suchen nach einem Ausweg aus der Eintönigkeit der Fastenspeisen. Zwei verschiedene Wege werden dazu beschritten. Zum einen wird die Definition der Wassertiere ein wenig erweitert; besonders geeignet war hier der Biber, dessen Schwanz geschuppt ist und der daher wie die Fische zu den erlaubten Speisen gerechnet wurde. Zum anderen stellt man Scheingerichte aus Mehl, Ei und Fisch her, die aussehen und wenn möglich auch schmecken wie die verbotenen Speisen, wie Schweine- oder Rehbraten etwa, aber eben aus erlaubten Zutaten gefertigt sind.

Religiös bedingte Speiseverbote beziehen sich aber nicht nur auf Zeiten, sie können auch Gruppen betreffen. So ist es den Mönchen nach der Benediktinerregel (cap. 36,9) untersagt, das Fleisch vierfüßiger Tiere zu essen. Lange war nun die Frage strittig, ob Geflügel zu den vierfüßigen Tieren gehöre, bis schließlich der gelehrte Abt von Fulda und spätere Bischof von Mainz, Hrabanus Maurus, im 9. Jahrhundert die Lösung fand: Da die Vögel am selben Tag geschaffen wurden wie die Fische und wie sie aus der Tiefe des Meeres gekommen seien, dürften Hühner, aus der Tiefe des Suppentopfes hervorkommend, auch von geistlichen Personen gegessen werden.

Das Verbot, vierfüßige Tiere zu essen, bezog sich nur auf die Mönche; der Klerus kam durchaus in den Genuß von Braten aller Art. So wird beispielsweise von einem achtgängigen Sonntagsmenü des Bamberger Domkapitels im 12. Jahrhundert berichtet, bei dem unter anderem Hammel- und Schweinefleisch, Huhn und Braten aufgetischt wurden. Und auch dem eingangs zitierten Bischof Benno von Zeitz wurden ja diverse Fleischgerichte vorgesetzt; nicht überliefert ist allerdings, ob er auch von dem Fleisch gegessen hat oder ob er sich auf die jeweils gleichzeitig angebotenen Fische beschränkte und die Fleischspeisen den Mitgliedern des Magistrats überließ.

Eßgewohnheiten

Die Anzahl der Mahlzeiten pro Tag ist je nach Gegend und Stand unterschiedlich. Benedikt legte für die Mönche eine Mahlzeit im Winter und an Fasttagen und zwei Mahlzeiten an Nicht-Fasttagen fest. Seit dem 12. Jahrhundert scheinen Adel und Patrizier drei bis vier Mahlzeiten zu sich zu nehmen. Dabei besteht das Frühstück (*ientaculum*) oft nur aus einem Becher

Wein, während zum Frühmahl (*prandium*) gegen 9 Uhr morgens mehrere Gänge serviert werden; es dürfte unserem Mittagessen entsprochen haben. Zur Vesper (*merenda*) wird wieder Wein gereicht, in den man Brotbrocken taucht. Das Abendessen (*cena*) schließlich, das je nach Jahreszeit zwischen 3 und 6 Uhr nachmittags gegeben wird, gilt als Hauptmahlzeit mit mehreren Gängen.

Es gibt in der deutschen Küche des Hoch- und Spätmittelalters noch keine festgelegte Abfolge der einzelnen Speisen, was ja schon aus der Tatsache deutlich wurde, daß in einem Gang ganz unterschiedliche Gerichte zusammen serviert werden können. Nur süßes Gebäck und Süßspeisen aus gekochtem Obst stehen fast immer am Ende der Mahlzeit.

Tafelgeschirr gibt es kaum. Die einzelnen Speisen werden aus der Vorlegeschüssel auf den als Teller dienenden Brotfladen serviert, der am Ende dann auch verspeist wird. Individuelles Eßbesteck kam erst allmählich auf: zu Beginn des 13. Jahrhunderts der Löffel und das Messer, erst im 16. Jahrhundert setzte sich auch die individuelle Gabel durch, die noch 1023 in Montecassino von den Mönchen als Teufelszeug bezeichnet wurde, weil sie – dreizinkig – so große Ähnlichkeit mit dem Dreizack des Teufels hatte. Individuelle Eßteller kommen in der frühen Neuzeit auf und bestehen je nach Reichtum des Haushalts aus Holz, Keramik, Zinn, Silber oder Gold. Getrunken wird aus Bechern aus ebendiesen Materialien oder – in reicheren Häusern – aus Gläsern.

Über das richtige Benehmen bei Tisch unterrichten seit dem 13. Jahrhundert sogenannte Tischzuchten, die z. B. anhalten, das Messer nicht am Stiefel abzuputzen oder sich nicht ins Tischtuch zu schneuzen.

Mittelalterliche Kochbücher

Über die Vielfalt der Gerichte, über deren Zusammensetzung und Zubereitung geben Rezeptsammlungen und Kochbücher Auskunft, von denen das älteste erhaltene, das «Buoch von guoter spîse» zwischen 1345 und 1352 inmitten von literarischen, medizinischen und für die Haushaltsführung brauchbaren Texten im Hausbuch des Würzburger bischöflichen Protonotars Michael de Leone aufgezeichnet wurde. Es besteht aus zwei hintereinander gesetzten, in sich ohne erkennbare Ordnungskriterien zusammengestellten Sammlungen von insgesamt 96 Rezepten, darunter zwei Scherzrezepten, und verheißt in seiner gereimten Einleitung dem Koch-Laien, daß er darin lernen könne, *wie er groz gerihte kuenne machen / von vil kleinen sachen* (wie er aus sehr kleinen Dingen große Gerichte machen könne). Das aber dürfte dem Anfänger einigermaßen schwerfallen, denn wie in allen Rezeptsammlungen und Kochbüchern des Mittelalters und der frühen Neuzeit werden zwar die Ingredienzien benannt und die Verarbeitungsvorgänge – meist sogar in der richtigen Reihenfolge und hinreichend präzise – beschrieben, aber keinerlei Mengen und Garzeiten angegeben. Diese Tatsache stellt auch den heutigen Leser dieser Kochbücher vor das Problem, die Mengenverhältnisse aus der eigenen Kocherfahrung abschätzen zu müssen, wenn er versucht, die angegebenen Gerichte nachzukochen. Jede Realisierung eines mittelalterlichen Rezepts bleibt so notwendigerweise Interpretation und Versuch, sich dem anzunähern, was der mittelalterliche Kochbuchautor gemeint haben könnte.

Das «Buoch von guoter spîse» ist das einzige überlieferte Kochbuch, das noch aus dem 14. Jahrhundert stammt. Etwa ein halbes Jahrhundert später entstand das «Alemannische Büchlein von guter Speise». Das erste namentlich gezeichnete Kochbuch schrieb Meister Hansen, der sich als *des von Wirtenberg koch* bezeichnet; es ist in einer Abschrift aus dem Jahr 1460 erhalten. Das zweite mit einem Autorennamen verbundene Kochbuch aus der Frühzeit der Überlieferung stammt von Meister Eberhard, dem Küchenmeister Herzog Heinrichs III. von Bayern-Landshut; es wurde in der ersten Hälfte des 15. Jahrhunderts verfaßt und ist in einer Handschrift aus der Zeit um 1495 erhalten. Aus dem 15. Jahrhundert sind eine ganze Reihe weiterer anonymer Kochbuchhandschriften meist aus dem Südwesten erhalten, darunter das Mondseer Kochbuch (Wien, Cod. Vind. 4995, Mitte 15. Jh.), das dem Kloster Mondsee von einem Frater Benedictus aus dem niederbayerischen Benediktinerkloster Biburg geschenkt wurde, wie aus einem Eintrag auf Blatt 238^{v} hervorgeht; das Kochbuch aus dem Wiener Dorotheen-Kloster (Cod. Vind. 2897, 15. Jh.); das Kochbuch in der Handschrift 1609 der Universitätsbibliothek Graz (Ende 15. Jh.); das sogenannte «Buch von guter Speise» aus dem Inntal (Ende 15., Anf. 16. Jh.); aus dem niederdeutschen Sprachgebiet stammt u. a. das «Niederdeutsche Kochbuch» (um 1500). Ungewöhnlich unter den Handschriften ist die (anonyme) deutsche Übersetzung einer von Jamboninus de Cremona aus dem Arabischen ins Lateinische übertragenen Rezeptesammlung, die auf einen Traktat Ibn Ǧazlas zurückgeht und in dem in nahezu jedem Rezept auch diätetische Hinweise gegeben werden (1. Hälfte des 15. Jhs.; München Cgm 415).

Auch das erste gedruckte Kochbuch, die «Küchenmeisterei» (Nürnberg, um 1485), ist noch anonym erschienen. Im 16. Jahrhundert stehen Handschriften und Drucke nebeneinander; auch Frauen treten jetzt als Autorinnen auf, so z. B. die beiden Augsburger Patriziertöchter Philippine und Sabina Welser, deren handschriftliche Kochbücher aus der Jahrhundertmitte stammen, und die Arztwitwe Anna Wecker, deren Mann nach ihrem Bekunden lieber aus der Küche als aus der Apotheke kuriert und sie daher veranlaßt habe, aufzuzeichnen, womit sie Gesunde wie Kranke verköstigte. Ihr Werk erscheint 1591 in Amberg, herausgegeben von ihrer Tochter. Noch handschriftlich überliefert ist das Tegernseer Klosterkochbuch (um 1535), in dem Mengenangaben auftreten, die jeweils für 40 Personen, also wohl den gesamten Konvent, berechnet sind. Das in Italien 1474 unter dem

Titel «De honesta voluptate et valetudine» von Bartolomeo Sacchi de Piadena, genannt Platina, im Druck publizierte Kochbuch wurde von Stephanus Vigilius Pacimontanus 1542 ins Deutsche übersetzt und in Augsburg unter dem Titel «Von der Eerlichen / zimlichen / auch erlaubten Wolust des leibs» gedruckt. 1544 gab Balthasar Staindl von Dillingen sein «Künstlichs vnd nutzlichs Kochbuoch» in Augsburg zum Druck. Der kurfürstlich mainzische Mundkoch Marx Rumpolt veröffentlicht 1575 «Ein new Kochbuch», dem er einige Kapitel mit Anweisungen dazu voranstellt, wie Küchenmeister, Einkäufer, Mundkoch, Silberkämmerer, Mundschenk und Vorschneider zur Vorbereitung herrschaftlicher Essen zusammenwirken sollen; außerdem gibt er eine ganze Reihe von Menüvorschlägen, die je nach dem Stand der Gäste unterschiedlich ausfallen. Das «Kunstbuch Von mancherley Essen», für das der fürstlich braunschweigische Mundkoch Frantz de Rontzier die Rezepte diktieren muß, weil er selbst des Schreibens nicht mächtig ist, erscheint 1594 in Wolfenbüttel.

Alle überlieferten Kochbücher stammen aus fürstlichen oder patrizischen Häusern oder aus Klosterküchen und repräsentieren daher ausschließlich die Küche der Oberschichten. Über die bäuerliche Küche und ihre Rezepturen wissen wir so gut wie nichts. Zwischen Kochbüchern aus Adelshaushalten und solchen aus patrizischen Küchen bestehen keine signifikanten Unterschiede. In den frühen Sammlungen sind die Rezepte meist ohne erkennbare Ordnung aneinander gereiht; seit der Mitte des 15. Jahrhunderts häufen sich Gruppierungen der einzelnen Rezepte nach unterschiedlichen Gesichtspunkten, wie z. B. nach Ingredienzien oder Garmethoden. Die «Kuchenmeisterei» unterscheidet nach Fasten- und Nicht-Fastenspeisen.

Zubereitungsarten

Kaum erwähnt wird in den Kochbüchern eine der häufigsten Garmethoden: das Braten großer Fleischstücke von Schlachtvieh und Wildbret am Spieß oder auf dem Rost. Am Spieß oder auf dem Rost gebraten werden aber auch Hähnchen und anderes Geflügel sowie aus fein zerstoßenem, rohem oder schon gekochtem Fleisch oder Fisch unter Zusatz von Eiern und Mehl zu größeren Stücken geformte, sogenannte Hohlbraten. Das Kochen von Fleisch oder Fisch in Brühe ist oft nur der erste Garprozeß, nach dem diese Nahrungsmittel noch weiter verarbeitet und nochmals gebraten oder gekocht werden, wie z. B. in dem Rezept für Hühner im Brätmantel (S. 131), bei dem Stücke vom gekochten Huhn mit Brätteig umhüllt und nochmals in Brühe gekocht werden. Dieses zweifache Kochen oder Braten, bei dem sich der Eigengeschmack des Grundstoffs erheblich vermindert und die Vitamine weitgehend vernichtet werden, ist charakteristisch für die mittelalterliche deutsche Küche. Vielleicht ist auch hierin ein Grund für das kräftige Würzen zu suchen.

Backen im Backofen oder in der Pfanne, wobei die Fleischstücke in Panade oder Teig eingehüllt werden, und Ausbacken in heißem Fett sind weitere sehr beliebte Zubereitungsmöglichkeiten. Ausgesprochen zahlreich sind Rezepte für Pasteten oder Torten mit Fleisch-, Fisch- oder Gemüsefüllungen zu finden, die sich sehr gut auch für die Resteverwertung eignen. Angedickt wird mit Eiern, Weizen-, Roggen- oder Reismehl. Das heute vielfach verwendete Maismehl kennt man noch nicht, da der Mais erst nach der Entdeckung Amerikas nach Europa kam.

Nicht nur der Eigengeschmack wird den Grundzutaten durch Zerkleinern, mehrfaches Erhitzen und kräftiges Würzen genommen; häufig werden die Speisen auch farblich verfremdet. Grüne Farbe wird dazu aus Petersilie oder Spinat gewonnen, Blau aus Kornblumen, Akelei, Lilien oder Veilchen, Braun bis Schwarz aus Schwarzbrot oder geriebenem Lebkuchen, Rot aus roten Obstsäften oder dem Saft von roten Beeten, und gelb gefärbt wird vor allem mit Safran. Dabei spielt es offensichtlich keine Rolle, ob durch das Färben eine geschmackliche Veränderung entsteht, denn auch Süßspeisen werden beispielsweise mit Petersilie grün gefärbt, wie etwa das dreifarbige Mandelmilchgelee (Rezept S. 197).

Ernährung und Gesundheit

Viele mittelalterliche Kochbücher verstehen sich nicht nur als Ratgeber zum Herstellen von Speisen, sondern wollen zur Gesundheit des Menschen beitragen. Bereits mit dem Kochbuch des Meister Eberhard ist eine sogenannte Nahrungsmitteldiätetik verbunden, d. h. eine Beschreibung der Auswirkungen bestimmter Nahrungsmittel auf die Gesundheit. Im Vorwort zur «Küchenmeisterei» heißt es ausdrücklich, daß ein Koch mit gut zubereiteten, natürlichen Speisen der beste Arzt sei, und ein Abriß der Elementenlehre findet sich am Schluß des Buches. Diese Elementenlehre, nach der Makrokosmos und Mikrokosmos gleichermaßen aus den vier Elementen Feuer, Wasser, Luft und Erde zusammengesetzt sind und die Primärqualitäten dieser Elemente, warm und kalt sowie trocken und feucht, in ausgewogenem Maße besitzen, wurde bereits in der griechischen Medizin durch Galen mit der von Hippokrates und seinen Schülern entwickelten Säftelehre verbunden, nach der in einem gesunden Menschen die vier Körpersäfte Blut, Schleim, schwarze und gelbe Galle in ausgeglichener Mischung vorhanden sind. Auch diesen Körpersäften eignet jeweils ein Qualitätenpaar: Blut (lat. *sanguis*) ist warm und feucht, Schleim (gr. *phlegma*) kalt und feucht, gelbe Galle (gr. *cholé*) warm und trocken, schwarze Galle (gr. *melas* = schwarz, *cholé* = Galle) kalt und trocken. Je nach dem individuellen Vorherrschen eines der Säfte in einem Menschen ist er von sanguinischem, phlegmatischem, cholerischem oder melancholischem Temperament (Mischung, zu *temperare* = mischen). Die jedem Menschen eigene Säftemischung wird als seine Komplexion oder als seine Natur bezeichnet. Wird die im einzelnen Menschen ausgewogene, «temperierte» Mischung der Säfte und damit der Primärqualitäten gestört, erkrankt der Mensch. Da nun auch den einzelnen Nahrungsmitteln jeweils ein Qualitätenpaar zukommt, muß der Mensch darauf bedacht sein, Nahrungsmittel in solcher Kombination zu sich zu nehmen, daß das Gleichgewicht der Primärqualitäten und der Säfte erhalten bleibt. Diese Säfte- und Komplexionenlehre wurde von den Arabern übernommen, kommentiert und der abendländischen Medizin des Mittelalters vermittelt. Durch Übersetzungen in die Volkssprache findet sie seit dem 13. Jahrhundert weite Verbreitung. So wird beispielsweise in der Diätetik, die an Meister Eberhards Kochbuch angeschlossen ist, davor gewarnt, Milch zusammen mit Fisch zu genießen, die beide als feucht und kalt gelten. Die gleiche Warnung hält auch die «Küchenmeisterei» bereit und bezieht in das Verbot darüber hinaus Krebse und Wasser ein; außerdem empfiehlt sie, Fisch oder Obst von feuchter und kalter Natur mit Gewürzen zu «temperieren», also Gewürze hinzuzufügen, die von warmer und trockener Primärqualität sind; dazu gehören etwa Pfeffer, Knoblauch, Petersilie, aber auch Ingwer, Zimt oder Nelken. Vielleicht erklärt sich aus solchen diätetischen Überlegungen, daß beispielsweise «Aal in Weinsud» mit Safran, Ingwer und Zimt gewürzt wird.

Ganz generell fordert die «Küchenmeisterei» auf: «Erkennst du deine Natur, so erkennst du auch, was gegen deine Natur ist; dem entsprechend bereite dein Essen zu.» Und an anderer Stelle wird die Ermahnung, stets die richtige Mischung zu treffen, mit dem ethischen Postulat der Mäßigung verbunden: «Also ist glücklich und weise, der auf die Zeit achtet und das Maß solcher Mischung richtig trifft und daher mit Weisheit geordnet lebt. Denn die Meister sprechen, Ordnung sei Weisheit und Weisheit sei Ordnung. Und die gute Gewohnheit bewahrt den guten Brauch und führt zu gutem Ende. So bewahrt die Mäßigung die Gesundheit, denn alles, was den Leib betrifft, soll in Maßen geschehen.»

Kochanweisung, Gesundheitslehre und Ethik sind hier beispielhaft miteinander verquickt und zeigen ein noch ganzheitliches Bild vom Menschen.

Die Rezepte

Einführung in den Rezeptteil

Zur Rezeptauswahl

Die hier versammelten Rezepte stammen aus drei Jahrhunderten: aus dem 14., 15. und 16. Jahrhundert. Sie gehören also allesamt dem Spätmittelalter und der frühen Neuzeit an. Das liegt in der Überlieferung begründet, die oben skizziert wurde. Als Quellen liegen zugrunde: die um 1345/52 entstandene älteste deutschsprachige Kochrezeptsammlung, das sogenannte *Buoch von guoter spîse*; das *Alemannische Büchlein von guter Speise*(15. Jh.), das über die Hälfte der Rezepte mit dem bayrischen Vorgänger und Namensvetter gemeinsam hat; das Kochbuch des Meister Eberhard von Landshut (1. Hälfte 15. Jh.); das unter dem Namen des Jamboninus von Cremona überlieferte Kochbuch im Münchner Codex 415 (15. Jh.); das Kochbuch des Meister Hansen (1460); das *Mondseer Kochbuch* (Mitte 15. Jh.); das Kochbuch im Wolfenbütteler Cod. Guelf. 78.I. Aug. 8° (15. Jh.); das Kochbuch aus dem Wiener Dorotheenkloster (15. Jh.); das Grazer Kochbuch aus der Handschrift 1609 (Ende 15. Jh.); das *Buch von guter Speise* aus dem Inntal in der Sammelhandschrift 793 der Donaueschinger Hofbibliothek (Ende 15. Jh.); das *niederdeutsche Kochbuch* aus der Sammelhandschrift Helmst. 1213 der Herzog August-Bibliothek in Wolfenbüttel (um 1500); das *Tegernseer Kochbuch* (um 1535); das Kochbuch der Philippine Welser (um 1150); das Kochbuch der Sabina Welser(in) (um 1553); die *Küchenmeisterei* (Druck um 1490); Bartolomeo Sacchi de Platina *Von der Eerlichen zimlichen / auch erlaubten Wolust des leibs* (dt. Druck 1542); Balthasar Staindl von Dillingen: *Ein künstlichs vnd nutzlichs Kochbuoch* (Druck 1544); Marx Rumpolt: *Ein new Kochbuch* (Druck 1581); das erste gedruckte Kochbuch einer Frau, der Arztwitwe Anna Wecker: *Ein köstlich new Kochbuch* (Druck 1591); Frantz de Rontzier *Kunstbuch Von mancherley Essen* (Druck 1598).

Bei der Auswahl der Rezepte hatte das Alter die höchste Priorität; außerdem habe ich die Rezepte so gewählt, daß die große Vielfalt in der Zubereitungsart und der Würzung, die den Speiseplan der adeligen wie patrizischen Oberschichten kennzeichnete, repräsentiert ist. Der möglichst wortgetreuen Übersetzung der ausgewählten Rezepte habe ich Mengenangaben und Zubereitungshinweise für die heutige Küche folgen lasen.

Zur Realisierung der Rezepte

Grundsätzlich habe ich angestrebt, die Rezepte authentisch zu realisieren. Da in den Quellen fast durchgehend die Mengenangaben fehlen, war ich hier auf Analogieschlüsse und auf meine eigene Erfahrung angewiesen.

Es werden nur Zutaten verwendet, die auch im Mittelalter verfügbar waren; so wird also auf alles verzichtet, was erst nach der Entdeckung Amerikas nach Europa kam, wie etwa die Kartoffelstärke oder die Maisstärke, mit der man heute gern Saucen oder Süßspeisen bindet. Als pflanzliche Bindemittel wurden im Mittelalter und in der frühen Neuzeit Mehl und Reisstärke benutzt. Reisstärke aus Rundkornreis stellt man am besten selbst her, indem man die erforderliche Menge Rundkornreis in einer Kaffeemühle mahlt.

Wenn ein mittelalterliches Produkt heute nicht mehr auf dem Markt zu finden ist wie etwa die Hausenblase, die Schwimmblase des Süßwasserfisches Hausen, die zum Gelieren verwendet wurde, so habe ich es durch ein modernes Produkt ersetzt, das an dessen Stelle heute verwendet wird, hier die Gelatine.

Wenn Weißwein zu einem Rezept benötigt wird, ist damit stets ein möglichst trockener junger Weißwein gemeint, der nicht viel Körper haben sollte; die heimischen Weißweine waren im Mittelalter eher säuerlich und wurden nicht selten durch die Zugabe von Zucker und Gewürzen erst genießbar gemacht. Auch der in den Rezepten verwendete Rotwein sollte ein junger, eher herber und vor allem nicht zu körperreicher Wein sein.

In vielen Rezepten ist ausdrücklich von «schönem» oder «weißem Mehl» die Rede; dabei handelt es sich um gereinigtes, fein gemahlenes (Weizen-) Mehl ohne jegliche Rückstände von der Spelze; «Nachmehl» ist die Bezeichnung für das zweite Mehl. Man kann davon ausgehen, daß, wenn nichts anderes erwähnt ist, Vollkornmehl verwendet wurde. Die meisten nachfolgenden Rezepte sollte man also mit Vollkornmehl zubereiten, wenn man einen möglichst authentischen Geschmack erzielen möchte. Alles läßt sich aber ebensogut mit reinem Weizenmehl backen.

Zuweilen werden auch Elisenlebkuchen zum Andicken oder Sämig-Machen verwendet; selbstverständlich muß man dabei solche auswählen, die keinen Zuckerguß oder Schokoladenüberzug haben. Die Oblate muß vor dem Gebrauch entfernt werden.

Als Fett wird in den Rezepten sehr häufig *schmalz* verlangt; dieses mittelhochdeutsche oder frühneuhochdeutsche Wort kann sowohl die Bedeutung unseres Oberbegriffs «Fett» als auch die spezifische von «Schweineschmalz» haben; es ist nicht immer zu entscheiden, welche von beiden jeweils gemeint ist. Sehr viel seltener ist ausdrücklich von Butter die Rede, die teurer als Schweineschmalz und zugleich weniger haltbar war. In der Übersetzung habe ich *schmalz* immer dann mit «Schmalz» wiedergegeben, wenn es mir möglich erschien, das entsprechende Rezept mit Schweineschmalz zu realisieren; zuweilen habe ich allerdings auch dann in den Mengenangaben und den Zubereitungsbeschreibungen Butter verlangt, wenn das Gericht damit besser gelang. Wenn in einem mittelalterlichen Rezept dagegen Butter verlangt wurde, habe ich dies stets übernommen.

Sehr häufig wird in den alten Rezepten zum Garen Fleischbrühe benutzt. Man kann davon ausgehen, daß in einer mittelalterlichen herrschaftlichen Küche stets ein Kessel mit Brühe vom letzten Kochen vorhanden war. Da dies in einem modernen Haushalt kaum mehr der Fall sein dürfte und die Zubereitung einer frischen Brühe recht aufwendig ist, benutze ich Instant-Brühe, was ja im Grunde nichts anderes ist als eine praktischere Aufbewahrungsform von überschüssiger Brühe, wenn auch ohne das spezifische, je nach den verwendeten Gewürzen verschiedene Aroma einer mehrfach benutzten und immer wieder verdünnten, hausgemachten Brühe.

Anders als bei den Zutaten bin ich bei der Zubereitung vorgegangen. Hier habe ich stets das schnellste und praktischste Verfahren beschrieben, das zum gewünschten Ziel führt. So kann man beispielsweise das Zerkleinern im Mörser zeitsparend durch das Pürieren im Mixer oder Cutter ersetzen; anstatt das Zerkleinerte anschließend durch ein Tuch zu treiben, kann man es ebensogut je nach der gewünschten Körnigkeit des Endprodukts durch ein feines oder mittelfeines Haarsieb schlagen, denn der im Mittelalter für diese Zwecke verwendete Stoff, wahrscheinlich Rupfen oder gröber gewebtes Leinen, dürfte ähnlich weitmaschig gewesen sein wie heute ein mittelfeines und wahrscheinlich weitmaschiger als ein feines Haarsieb.

Abkürzungen

Bd	Bund
ccm	Kubikzentimeter
cl	Zentiliter
dl	Deziliter
EL	Eßlöffel
g	Gramm
l	Liter
Msp	Messerspitze
St	Stück (z. B. bei Ingwer: je ca. 1 cm lang)
TL	Teelöffel

Basisrezepte

Tischsegen

Allmächtig got herr Jhesu Christ
was leipnar du uns gebend bist,
dy sey gesegent und berait
von dir mit aller sälikhait
das uns darinn berür chain we
das well got benedicite.

Dy drivald in dem höchsten tron
lob wir mit kyrieleyson
got vater in dem hymelreich
beschirm uns hy und ewikleich
durch deinen heilgen namen
vor allem übel Amen.

Herr hais das es gesegent sey
got wont uns und dem essen bey
amen und auch bey dem getrank
das yglich mensch got also dank
das er sich über uns erbarm
got sei gelobt sprecht reich und arm.

Dankch sagen wir dir herre got
um all dy speis dy uns ist not
und loben dich mit reichem schall
umb dy und ander guettat all
wann du lebst got in himmelreich
und reichest immer und ewikleich.

Gots nam gesegent sey an end
sein hilf uns alles laid erwend
got loner aller guten sach
nu gib yn hy und dort gemach
mit ganczen freuden ymmer mer
von den dy speis ist kommen her.

Der Mönch von Salzburg

Mandelmilch

EINE DER GRUNDZUTATEN der mittelalterlichen Küche ist die Mandelmilch. Sie besteht aus der Flüssigkeit, die entsteht, wenn man Mandeln im Mörser zerstößt und Wasser, Wein oder Milch hinzufügt und diese Masse durch ein Tuch abseiht. Der Anfang dieser Prozedur wird in einem mittelniederdeutschen Kochbuch des 15. Jahrhunderts wie folgt beschrieben:

Man soll Mandelkerne nehmen und sie solange in heißes Wasser tun, bis man sie schälen und auf einem Handtuch trocknen kann. Und stoß sie in einem Mörser. Drücke sie durch ein Tuch. Das ist ein gutes Öl zu jeder Speise.

Hier fehlt noch die Zugabe von Wasser oder Wein, die die Masse geschmeidiger und weniger ölig macht. Etwas ausführlicher ist die Anweisung schon in dem 1591 zuerst gedruckten Kochbuch der Arztwitwe Anna Wecker:

Zu einem Liter Mandelmilch nimm ein viertel Pfund (oder wenn du sie gern kräftig hast: anderthalb) gute süße frische Mandeln. Die leg in heißes Wasser, und sobald sie sich schälen lassen, zieh ihnen die Haut ab. Wirf sie in frisches Brunnenwasser und laß sie ein wenig liegen. Dann wasch sie schön aus. Stampf oder stoß sie in einem steinernen Mörser mit einem hölzernen Stößel ganz fein. In vielen Gegenden hat man Steine, auf denen man sie reibt; das ist auch gut, wo es die gibt. Wenn die aber nicht vorhanden sind, so behilf dich, wie du kannst, nur daß du nicht mit einem eisernen Stößel stößt, sonst würden sie nicht nur schwarz, sondern auch bitter. Während des Stoßens bespreng sie mehrfach mit Rosenwasser oder anderem Wasser, mit dem du sie durch (ein Tuch) treiben willst; sie werden sonst ölig und schwarz. Nimm aber auch nicht zuviel (Wasser), denn wenn sie zu naß werden, lassen sie sich nicht mehr kleinstoßen. Sie müssen aber ganz rein und zart sein. Sonst ist es nicht nur unnütz, sondern sie geben auch nicht ihre Kraft, wie sie sollen.

Willst du die nun zum Kochen benutzen, so nimm ein gutes frisches Brunnenwasser oder Milch, wie sie von der Kuh kommt, reib die Mandeln im Mörser nach und nach damit an, leg dann ein schönes weißes Tuch in eine Schüssel, gieß die Mandel da hinein, reib sie ein wenig mit einem Löffel hin und her, faß das Tuch zusammen und winde sie aus, so fest du kannst.

FÜR EINEN ¾ LITER MANDELMILCH BENÖTIGT MAN:

150g Mandeln (geschält)
½l Wasser oder Wein oder Wasser-Wein-Gemisch (am besten ist eine Mischung 1:1)

ZUBEREITUNG: Mandeln kurz überbrühen, häuten und trocknen. Im Cutter so fein wie möglich zerkleinern. Dabei beginnen die Mandeln etwas ölig zu werden. Die Masse in den Mixer füllen, nach und nach die Wasser-Wein-Mischung hinzufügen und solange pürieren, bis eine milchig weiße Flüssigkeit entsteht. Wenn man eine etwas dickere Mandelmilch will, kann man die so gewonnene Flüssigkeit unmittelbar weiter verwenden. Wenn man eine dünne Mandelmilch will, seiht man die Flüssigkeit durch ein ganz feines Haarsieb oder ein Tuch; diesen Vorgang wiederholt man zwei bis drei Mal, indem man die durchgeseihte Flüssigkeit immer wieder über die im Sieb oder Tuch zurückgebliebene Mandelmasse laufen läßt.

Straubenteig

STRAUBEN BEZEICHNEN IN den süddeutschen Mundarten ein Gebäck, das in schwimmendes Fett gespritzt und darin ausgebacken wird; es hat seinen Namen von dem krausen Aussehen, das es dabei annimmt. In vielen Rezepten wird ein Straubenteig erwähnt, dessen genaue Zutaten jedoch nie angegeben werden. Folgende zwei Varianten eignen sich dafür sehr gut:

STRAUBENTEIG MIT WEIN

180 g	Mehl	2	Eiklar
1/8 l	Weißwein	1	Prise Salz
25 g	Öl	*bei süßen Teigen:*	
2	Eigelbe	25 g	Zucker

ZUBEREITUNG: Mehl, Weißwein, Öl, Eigelb und Salz kurz zu einem glatten Teig vermischen (wichtig: nicht zu lange rühren!). Unmittelbar vor der Verwendung des Teiges die Eiklar zu einem festen Schnee schlagen; bei süßen Teigen den Zucker hinzufügen. Vorsichtig unter den Teig ziehen. Den Teig nur solange rühren, wie unbedingt notwendig, sonst wird er zäh.

STRAUBENTEIG MIT MILCH

250 g	Mehl	*bei süßen Teigen:*	
1/8 l	Milch (wahlweise Mandelmilch)	3 EL	Zucker
5	Eigelbe		
5	Eiklar		
1	Prise Salz		

ZUBEREITUNG: Mehl mit der Milch (bzw. Mandelmilch) zu einem glatten Teig verrühren. Eigelbe und Salz hinzufügen. Zuletzt die steifgeschlagenen Eiklar (bei süßen Teigen: mit dem Zucker vermischt) unterheben.

Strauben werden in schwimmendem Fett ausgebacken.

Krapfenteig

Ein anderer häufig verwendeter Teig ist der Krapfenteig, der in der Konsistenz fester ist als Straubenteig. Er wird ausgerollt, in meist kleine Teigflecken geschnitten, mit Obst, Fleisch- oder Fischresten gefüllt und in der Pfanne in heißem Fett gebacken. Die *Küchenmeisterei* enthält ein Grundrezept für süßen Krapfenteig:

Einen Krapfenteig zu machen

Siede Honig mit Wein, soviel du brauchst. Und nimm auch eine weite Schüssel, schlag Eier hinein und verrühr den Wein mit weißem Mehl zu einem Brei. Schlag ein Eidotter, der rot sein soll, mit etwas Safran in einer anderen Schüssel auf. Das vermisch gut mit etwas von dem angemachten Honigwein und gib es (dann) in den gerührten Teig. Laß den Teig nicht zu fest und nicht zu flüssig werden. Gib ein wenig Mehl in die Schüssel, bis du einen schweren Teig hast. Dann breite ein sauberes Tuch aus und roll den Teig darauf mit einem Wellholz aus und schneide dann große oder kleine Formen, wie du die Krapfen haben willst, je nach Art der Füllung. Oder alle, die man mit Hefe oder Bier oder Hopfenwasser macht, die muß man aufgehen lassen und danach wieder einkneten mit lauwarmem Wasser oder mit Honigwein. Danach wisse dich zu richten.

Teigmenge für ca. 4 Personen

3 EL	trockener Weißwein		Salz
2 EL	Honig	70 g	Butter
300 g	Weizenmehl	3 EL	Sahne
6	Eigelbe	1	Eiklar

Zubereitung: Den Wein mit dem Honig aufkochen, so daß der Honig sich auflöst. In einer Schüssel das Mehl, die Butter, das Salz, die größte Menge des Honig-Wein-Gemischs und die Sahne vermengen. In einer kleinen Schüssel die Eidotter mit dem restlichen Honig-Wein-Gemisch verrühren und zu dem Teig geben. Gut verkneten und den Teig sogleich dünn ausrollen. In Vierecke von ca. 10 cm Seitenlänge zerschneiden oder mit einem großen Glas Kreise ausstechen. Mit dem Eiklar bestreichen und füllen.

Pfannkuchenteig

100 g	Mehl
¼ l	Milch
2	Eier
1	Prise Salz
	Butter zum Abbacken

ZUBEREITUNG: Die Milch langsam in das Mehl rühren, bis ein glatter Teig entsteht, dann die 2 Eier und eine Prise Salz hinzufügen. Butter in einer Pfanne erhitzen, den Teig portionsweise einfüllen und die Pfannkuchen so dünn wie möglich goldbraun backen.

Schmalzteig für Pasteten und salzige Torten

VON PHILIPPINE WELSER stammt ein Rezept für Pastetenteig.

Wie man die Pastetenformen machen soll

Nimm zur Hälfte schönes Mehl und zur Hälfte Nachmehl, schlag zwei Eier da hinein und gib ausgelassenes Fett hinein, ungefähr so groß wie ein Ei, und heißes Wasser. Oder laß das Fett im Wasser kochen, und wenn es ein wenig abgekühlt ist, so gieß es zu dem Mehl, und knete ihn (den Teig) gut durch, daß er trocken und zäh werde; er läßt sich sonst nicht (am Rand) hochstellen. Außer bei der Wildbretpastete nehme ich ausschließlich schönes Mehl. Und wenn er annähernd genug hat, so rupfe ich ihn, so wird er gut.*

FÜR EINE SPRINGFORM VON 26 CM Ø ODER EINE KASTENFORM ODER EIN HUHN:

250 g	Mehl
2	Eier
25 g	Schweineschmalz (oder Butter oder Margarine)
2–3 EL	Wasser
1	Prise Salz
	Fett für die Form
1	Eigelb zum Bepinseln

ZUBEREITUNG: Das Schmalz mit dem Wasser erhitzen und etwas abkühlen lassen. Das Mehl in eine Rührschüssel oder auf die Arbeitsfläche geben, in die Mitte eine Vertiefung hineindrücken, die Eier, die Prise Salz und die abgekühlte Wasser-Schmalz-Mischung hinzugeben und zu einem festen Teig verkneten. Einige Stunden ruhen lassen.

Tip: Schmalz hat den Vorteil, daß der Teig beim Backen nicht dunkel wird, und ist daher für alle Pasteten vorzuziehen, die länger backen müssen.

* «Schönes Mehl» ist gereinigtes (Weizen-)Mehl ohne jegliche Rückstände von der Spelze; «Nachmehl» ist das zweite Mehl. Man kann dafür Vollkornmehl nehmen.

Erbsenbrühe (für Fastensuppen)

75 g	getrocknete Erbsen (ungeschält)
1	Möhre
1 St	Sellerie
1 St	Lauch
2	Stiele Petersilie
1 l	Wasser
	Salz
	Pfeffer

ZUBEREITUNG: Erbsen und Suppenkraut in kaltem Wasser aufsetzen, etwa 1 ½ Stunden sanft kochen lassen, damit die Erbsen nicht aufspringen und die Brühe nicht trüb wird. Erbsen und Suppenkraut herausnehmen und mit Pfeffer und Salz abschmecken.

Fischfond

Es gibt heute sehr guten vorgefertigten Fischfond, z. B. von Lacroix. Preisgünstiger, wenn auch arbeitsaufwendiger ist es, wenn man den Fischfond selbst herstellt. Ein Rezept für einen Fischfond überliefert das *Grazer Kochbuch:*

Und willst du (wissen), wie man die Fische kochen soll, jede Art von Fisch: Koch sie in Wasser, nicht auf größter Hitze, gieß das ab und gieß Wein wieder darauf. So nimm Zwiebeln und hack die klein und laß sie weich kochen und in wenig Wasser, und gieß sie auf die Fische und siede sie vollends gar. Und tu dazu Pfeffer, Ingwer, Kümmel, Safran. Temperier das nach dem Geschmack. Koch sie mit kräftiger Hitze von oben, und servier sie.*

Ich ziehe es vor, den Fischfond nicht so prägnant zu würzen, wie in diesem Rezept angegeben, damit er als Basis für alle möglichen Fischgerichte dienen kann; man wird ihn dann je nach Bedarf anders abschmecken. Für ½ l Fischfond benötigt man dann:

25 g	Schalotten (oder Zwiebeln)	5	weiße Pfefferkörner
1–2 TL	Butter	400 g	Fischgräten, -köpfe, eventuell -fleisch
1 Stiel	Petersilie		
½ dl	trockener Weißwein	ca. 1 TL	Salz

Zubereitung: Die Schalotten oder Zwiebeln schälen, würfeln, in der Butter glasig dünsten. Mit dem Weißwein ablöschen. Petersilie und Pfefferkörner hinzufügen, ½ l Wasser angießen und etwa 20 Minuten kochen lassen. Dann die Fischgräten und -köpfe und etwas Fischfleisch hinzugeben und nochmals 10 Minuten kochen. Hin und wieder abschäumen. Abschließend durch ein feines Sieb geben. Mit Salz abschmecken.

* «Temperieren» meint «das richtige Mischungsverhältnis herstellen». Das gilt sowohl für die Ausgewogenheit des Geschmacks als auch für die der Inhaltsstoffe nach dem Maßstab der Humorallehre.

Suppen

Gebratens. Julep võ brot. Julep võ cathay. Julep võ magsot. Julep võ melonẽ. Julep võ dattelẽ. Coriander.

DAS MAHL IN DER GRALSBURG

In zierlichen Goldgefäßen nahm man,
wie es zu jeglicher Speise paßte,
Brühsaucen, Pfeffersaucen, Saucen aus säuerlichem Traubensaft.
Hier hatten der Mäßige und der Vielfraß
gleichermaßen genug.

Maulbeerwein, Traubenwein oder roten Sinopel:
wonach ein jeglicher den Becher hielt
und was er an Getränk nennen konnte,
das fand er dank der Kraft des Grals
alles darin.
Die vornehme Gesellschaft
wurde durch den Gral verpflegt.

Wolfram von Eschenbach, «Parzival»

Erbsensuppe

Von Erbsensuppe und etlichen anderen Suppen

Klare Erbsensuppe: Koch die Erbsen, nimm nur die klare Brühe, hacke eine Zwiebel sehr fein und gib sie hinein. Färbe sie gelb, würze sie mit feingestoßenem Gewürz. Tu etwas Fett hinein, Muskatblüte, geröstete Semmel. Für Kindbetterinnen nimmt man aber keine Zwiebeln, sondern verkocht etwas Fett darin. Wenn man die Suppe aber andicken will, so schlägt man einen Teil der Erbsen durch ein Sieb; röste geschnittene Zwiebeln darin; färb sie gelb, würz sie mit fein gestoßenem Gewürz. Man muß es gut durchrühren. Wenn man will, seiht man es durch.

Für 4 Personen

250 g	frische Erbsen (gepalt gewogen)
2	Zwiebeln
40 g	Butter
1¼ l	Rinderbrühe (oder Erbsbrühe, siehe Basisrezept S. 39)
1	Portion Safran
	Pfeffer
2 Msp	Muskatblüte (Macis)
1 Bd	Petersilie
ev. 40 g	Zwiebackmehl oder Weizenmehl

Zubereitung: Die Zwiebel schälen und sehr fein hacken. In der Butter glasig dünsten; die Erbsen hinzugeben. Wenn man eine klare Erbsensuppe will, sofort mit der Rinderbrühe ablöschen und mit Pfeffer, Safran und Macis würzen. Etwa 20 Minuten auf nicht zu starker Flamme gar kochen. Mit fein gehackter Petersilie bestreuen und servieren.

Wenn man eine etwas gebundene Erbsensuppe vorzieht, bestäubt man die Erbsen mit Semmelmehl oder Weizenmehl, bevor man sie mit der Brühe ablöscht. Man kann auch einen Teil der Erbsen nach etwa 15 Minuten Kochzeit pürieren.

Tip: Anstatt frischer Erbsen kann man auch getrocknete (grüne oder gelbe) Erbsen nehmen; die Erbsen dann über Nacht einweichen, das Einweichwasser für die Rinderbrühe benutzen. Die fein gewürfelte Zwiebel in Butter andünsten, die Erbsen hinzugeben, mit der Brühe ablöschen und etwa 45 Minuten kochen.

Fischsuppe für 40 Personen

DIESES REZEPT STAMMT aus einem Kochbuch des Klosters Tegernsee und enthält ungewöhnlicherweise Mengenangaben; sie beziehen sich auf 40 Personen, eine Zahl, die wohl der Größe des Konvents zur Zeit der Aufzeichnung des Kochbuchs entsprochen haben dürfte.

Für die Fischsuppe 3 Maß Wein, 1 Semmel, Gewürz und färbt es gelb. Zu einer gelben scharfen Suppe zu den Fischen 7 Maß Wein, 1 Löffel Ingwer, 1 Löffel Pfeffer; wenn du es besser haben willst, so reib einen Lebkuchen hinein.

FÜR EINE SCHARFE FISCHSUPPE FÜR 4 PERSONEN

5 dl	Fischfond (Fertigprodukt oder selbst hergestellt, siehe Basisrezept S. 40)
3 dl	trockener Weißwein
1	Brötchen
1	Elisenlebkuchen (ohne Oblate)
¼ TL	weißer Pfeffer
1	Spritzer Tabasco
2 St	Ingwer (je etwa 2 cm), im Mörser zerkleinert
1 Port.	Safran
	Salz
400 g	Wallerfilet (oder Zanderfilet)

ZUBEREITUNG: Fischfond mit 2 dl Weißwein aufkochen. Brötchen und Lebkuchen in 1 dl Weißwein einweichen, im Mixer (Cutter) zerkleinern und in den Sud geben. Den Sud durch ein sehr feines Sieb passieren, wieder auf das Feuer setzen und mit den Gewürzen abschmecken. Das Fischfilet waschen, würfeln, ganz leicht salzen und in der Suppe auf kleiner Stufe gar ziehen lassen (10 bis 15 Minuten).

Dazu paßt Weißbrot.

Hechtsuppe

Nehmt den Hecht und zieht ihm die Haut ab und zerteilt ihn in Stücke. Nehmt guten Wein, schneidet Äpfel recht klein und laßt sie eine halbe Viertelstunde darin kochen, sodann legt den Hecht hinein und laßt ihn darin ziehen und würzt ihn. Tut etwa acht Zitronen hinein und etwas scharfen Essig und färbt ihn gelb. Und laßt ihn ziehen, bis er gar ist.

FÜR 4 PERSONEN

800 g	Hecht
400–500 g	Boskop
½ l	trockener Weißwein
½ l	Wasser
1 Bd	Suppenkraut
1	Zwiebel
3 EL	Olivenöl

Schale und Saft von 2 Limonen oder Zitronen
Safran
Salz
Zucker
Lorbeerblatt
ein Passiertuch oder ein feines Sieb

ZUBEREITUNG: Hecht schuppen und ausnehmen, säubern, filetieren. Kiemen und Kopf entfernen, aber aufbewahren. Zwiebel und Suppenkraut putzen und in grobe Würfel schneiden. Safranfäden hinzugeben (Safran in Pulverform erst vor dem Ablöschen hinzufügen), alles in Olivenöl anschwitzen.

Haut, Gräten und Kopf des Hechts zerkleinern und zu dem angeschwitzten Gemüse geben. Mit ½ l Wasser und ½ l Wein ablöschen, aufkochen lassen und gründlich abschäumen. Lorbeerblatt zugeben und salzen. 20 Minuten am Siedepunkt ziehen lassen. Schale von 2 Zitronen (oder Limonen) abreiben, in das Passiertuch geben und den Fond durchpassieren.

Äpfel schälen, entkernen, in feine Scheiben schneiden, in den passierten Fond geben und etwa 10 Minuten ziehen lassen; mit einem Holzlöffel umrühren. Das in Würfel oder Streifen geschnittene Hechtfilet in die Suppe geben, etwa 5 Minuten ziehen lassen. Sofort servieren.

Fischklößchen zur Fischsuppe

Und willst du Knödeln von Fischen machen, so hacke sie klein mit zwei Eiern und preß sie zusammen und gare sie auf niedriger Flamme und tu sie in eine Suppe mit Wein oder Essig.

Für 4 Personen als Vorspeise

1 l	Fischfond (Fertigprodukt oder selbst zubereitet, siehe Basisrezept S. 40)
1	Eigelb
1	Eiklar
ca. ½ TL	Salz
	weißer Pfeffer
	Muskatnuß (frisch gerieben)
175 g	Wallerfilet (Welsfilet)
½ Bd	Petersilie

Zubereitung: Das Wallerfilet in den Kühlschrank stellen. Wenn es kühl ist, in Stücke schneiden und im Mixer pürieren. Mit dem Eigelb und den Gewürzen vermischen. Das Eiklar zu sehr steifem Schnee schlagen und diesen vorsichtig unter das Fischpüree heben.

Einen großen Topf mit Salzwasser zum Kochen bringen. Aus der Fischmasse mit zwei Teelöffeln oder Eßlöffeln längliche Klößchen abstechen und im simmernden Wasser 5–6 Minuten pochieren. Wenn sie an die Oberfläche steigen, noch 1–2 Minuten ziehen lassen, herausnehmen und abtropfen lassen. Man kann die Klößchen auch im Fischfond garen; dann muß die Fischsuppe durch ein feines Haarsieb abgegossen werden. Die Klößchen in Suppentassen oder -teller füllen und die Fischsuppe anschließend daraufgeben, mit gehackter Petersilie bestreuen und sofort servieren.

Tip: Statt Wallerfilet kann man auch Hecht-, Forellen- oder Zanderfilet nehmen oder das Fleisch mehrerer Süßwasserfische mischen.

Krebssuppe für 40 Personen

DIESES REZEPT STAMMT aus einem Kochbuch des Klosters Tegernsee und enthält ungewöhnlicherweise Mengenangaben; sie beziehen sich auf 40 Personen, eine Zahl, die wohl der Größe des Konvents zur Zeit der Aufzeichnung des Kochbuchs entsprochen haben dürfte.

3 Maß Wein, 2 Semmeln, 2 geröstete Brote, Gewürz und färbt es gelb und gebt gewürfeltes Brot hinein.

FÜR 4 PERSONEN

10	frische Flußkrebse (ersatzweise 8 Scampis und 200 g Krebsfleisch)	1–2	Schalotten
5 l	Wasser	ev. 1/4	Fenchelknolle
1/2 l	Fischfond (Fertigprodukt oder selbst zubereitet, siehe Basisrezept S. 40)	2 dl	trockener Weißwein
3 EL	Butterschmalz	1	(Milch-)Brötchen
2	Möhren	1 dl	Brühe
1/2	Sellerieknolle		Muskatblüte
1	Stange Lauch		Rosenpaprika
			Pfeffer
			Salz
		2–3	Scheiben Toastbrot

ZUBEREITUNG: Das Wasser erhitzen, bis es sprudelnd kocht. Dann die Krebse hineinwerfen und 5 Minuten kochen. Im Wasser etwas abkühlen lassen, herausnehmen, das Fleisch aus Schwänzen und Scheren lösen, den Darm aus den Schwänzen lösen und das Fleisch beiseite stellen. Die Schalen zusammen mit der Butter im Mörser fein zerstoßen. Möhren, Schalotten, Sellerie, Lauch und Fenchel putzen und fein zerschneiden. Krebsschalen mit der Butter in einen Topf geben und etwas anrösten. Dann das feingehackte Gemüse und 50 g Krebsfleisch hinzufügen, ebenfalls kurz andünsten, mit Weißwein ablöschen und den Fischfond hinzufügen. Mit Macis, Paprika, Pfeffer und Salz abschmecken und 30 Minuten bei kleiner Hitze im geschlossenen Topf köcheln lassen. Unterdessen das Brötchen in der Brühe einweichen, im Mixer pürieren. Das Toastbrot toasten und würfeln. Den Krebsfond durch ein feines Sieb seihen, das pürierte Brötchen unterrühren und den Fond wieder aufs Feuer setzen. Das Krebsfleisch hineingeben, kurz erhitzen, die Suppe sofort in Tassen füllen und mit den gerösteten Brotwürfeln bestreut servieren.

Olla Potrida

DIESE SUPPE, DEREN spanischer Name soviel wie «fauliger» oder «fauler Topf» bedeutet, ist ein Eintopf, der eine Art gedrängter Wochenübersicht zu liefern scheint. Jedenfalls ist er bestens geeignet, alle Fleisch- und Gemüsereste der Woche aufzunehmen. Man kann ihn aber selbstverständlich auch frisch zubereiten und erhält dann ein vielseitiges, je nach Jahreszeit oder Geldbeutel oder eigenem Geschmack variables Gericht. Das folgende Rezept für diesen ungemein verbreiteten Eintopf stammt aus Marx Rumpolts Kochbuch von 1581, und der Autor nennt zuvor neunzig einzelne Zutaten:

Nimm eine weite, verzinnte Fischkasserolle, bereite Kräuter und Fleisch schön nach einander und stückweise vor, gebratenes oder gekochtes, wie zuvor beschrieben, daß man Gebratenes und Gekochtes miteinander vermengt. Grüne Kräuter kleingehackt, geriebenes Brot, Parmesankäse, kleingeschnittener Knoblauch und das bemehlte Gewürz werden durcheinander gemengt, (aber so,) daß es nicht verklumpt. Wenn alles zubereitet ist, nimm die Rinder-, Hühner- und Kapaunenbrühe, die nicht zu stark gesalzen ist, und seihe sie durch ein Tuch darüber. Tu auch eine Mehlschwitze darüber, setzt es auf Kohlen, nicht auf ein brennendes Feuer, damit es nicht anbrennt. Und paß auf, daß du es nicht verkochen läßt, damit du jedes Stück extra in einem Teller anrichten kannst. Und eine solche Speise kannst du auf zehn oder zwölf Tellern anrichten oder auf einem einzigen. Und ein Koch muß sehr geschickt sein, um alles (rechtzeitig) zusammenzubringen. Wer es anrichten will, muß zwei oder drei Tage zuvor anfangen, damit er alles zusammenbringt und sauber zurichtet, daß es wohlschmeckend und nicht versalzen wird. Darum nennt man es Olla Potrida, weil vieles hineinkommt, und es ist gut für König und Kaiser, für Fürsten und Herren.

FÜR 12 PORTIONEN

2½ l	Rinderbrühe
150 g	Kichererbsen
370 g	Rinderbrust
150 g	Lammschulter
1	Schweinshaxe
½	Brathähnchen
100 g	durchwachsener Speck
120 g	roher Schinken
1	Zwiebel
	Salz
	schwarzer Pfeffer
½ Bd	Petersilie
½ Bd	Schnittlauch
1	Knoblauchzehe
80 g	Möhren
1	Stange Lauch
80 g	Weißkohl
1	Milchbrötchen
	Gartenkräuter (nach Saison, z. B. Salbei, frischer Koriander, Kerbel, Sauerampfer)

ZUBEREITUNG: Den durchwachsenen Speck würfeln. Zwiebel, Möhren, Lauch und Weißkohl putzen und kleinschneiden. Schnittlauch, Petersilie und die Gartenkräuter (jeweils separat) hacken; die Knoblauchzehe schälen. Den Schinken würfeln. Das halbe Hähnchen portionieren.

Die Brühe erhitzen. Das Brötchen in etwas Brühe einweichen. In einem großen Suppentopf den Speck anbraten. Zunächst die Rinderbrust mit Pfeffer und Salz einreiben, im ausgelassenen Speck anbraten, dann herausnehmen, warm stellen; mit der Lammschulter, der Schweinshaxe und den Hähnchenteilen ebenso verfahren. Zum Schluß Kichererbsen, Zwiebel, Möhren, Lauch und Weißkohl kurz andünsten, die Knoblauchzehe durch die Knoblauchpresse drücken und hinzufügen. Die Fleischstücke (bis auf die Hähnchenteile) wieder in den Topf geben, mit der Brühe ablöschen und zum Kochen bringen. Das Brötchen fein zerpflücken und zusammen mit den gehackten Gartenkräutern hineingeben. Die Suppe bei niedriger Hitze 1½ Stunden kochen lassen. Nach etwa 1 Stunde die Hähnchenteile und den gewürfelten Schinken hinzufügen.

Rinderbrust, Lammschulter und Schweinshaxe herausnehmen, gegebenenfalls vom Knochen lösen und fein würfeln. Den übrigen Eintopf in eine große Suppenterrine füllen, das Fleisch wieder in die Brühe geben, mit Schnittlauch und Petersilie bestreuen und servieren.

Kirschsuppe

Die Kirschsuppenrezepte von Frantz de Rontzier (1598) lassen noch erkennen, daß das Wort Suppe im 15. und 16. Jahrhundert häufig eine Brotschnitte in Brühe oder mit Brühe übergossene Semmeln bezeichnete.

(1) Man bricht die Kirschen von den Stielen, bringt sie mit Wein zum Feuer, schmeckt sie ab mit Zucker. Weißbrot in Butter gebraten und mit den Kirschen übergossen, bestreut sie mit Zucker und Zimt.

(3) Man brät Kirschen ohne Stein in Butter, schmeckt sie ab mit Zucker, Zimt und Wein, gibt sie über geröstetes Brot. Wenn man sie zu Tisch geben will, bestreut man sie mit Zucker und Zimt.

Für 4 Personen

500 g	Kirschen	4	Scheiben Weißbrot (Toastbrot)
150–200 g	Zucker	50 g	Butter
½ l	Weißwein		Zucker zum Bestreuen
50 g	Reisstärke		Zimt zum Bestreuen

Zubereitung: Kirschen waschen, entstielen und entsteinen, mit Weißwein und Zucker in einen Topf geben und in etwa 10 Minuten bei schwacher Hitze garen. Das Reismehl in etwas Wasser verrühren, unter ständigem Rühren in die Suppe geben und sie damit etwas binden. Die Butter in einer großen Pfanne schmelzen lassen und das Toastbrot darin von beiden Seiten anbraten. Die Scheiben auf je einen Teller legen und mit der Kirschsuppe begießen. Nach Geschmack mit Zucker und Zimt bestreuen.

Tip: Wenn man Kirschen aus dem Glas nimmt, braucht man sie nur mit etwas Wein und etwas von ihrem Saft aufzukochen und mit dem Reismehl zu binden. Dann verfährt man weiter wie oben.

Saucen

Burzel.
Basilien.
Weisser Senff.
Bertram.
Epff.
Sawdystel.
Lattich.

Des schwanes Abschiedslied

Dereinst schwamm ich im Wasser klar,
dereinst der Stolz der Vogelschar,
als ich ein schöner Schwan noch war.
Schmerz, o Schmerze!
Lauter Schwärze,
verbrannt von Kopf bis Sterz!

Zuvor war ich so weiß wie Schnee,
der schönste Vogel auf dem See,
jetzt schwärzer als ein Rab', o weh!
Schmerz, o Schmerze!
Lauter Schwärze,
verbrannt von Kopf bis Sterz!

Das Feuer mich gewaltsam brät,
der Bratenspieß sich dreht und dreht,
der Koch mich auf die Tafel lädt.
Schmerz, o Schmerze!
Lauter Schwärze,
verbrannt von Kopf bis Sterz!

Wie wohl fühlt ich im Wasser mich,
wie leicht flögs in den Lüften sich,
doch hier im Pfeffer schwimme ich.
Schmerz, o Schmerze!
Lauter Schwärze,
verbrannt von Kopf bis Sterz!

Nun lieg ich in der Schüssel schon,
der Fliegekunst nicht mehr gewohn,
und seh gebleckter Zähne Hohn.
Schmerz, o Schmerze!
Lauter Schwärze,
verbrannt von Kopf bis Sterz!

Carmina Burana, 130

Süße Sauce zu Fisch
(aus Fischleber, Lebkuchen, Honig, Mandeln, Weinbeeren)

Eine Forelle oder einen Lachs oder eine Renke mach folgendermaßen in einer süßen Sauce mit Fischleber und geriebenem Lebkuchen oder mit Pfefferbrot oder mit angeschwitztem Mehl oder Honig, wie es zuvor beschrieben ist. Tu Mandelkerne und beide Arten von Weinbeeren und Feigen hinein und richte das, wenn es kalt ist, auf Fisch an oder leg die Fische hinein.

Für 4 Personen

30 g	Butter
70 g	Hähnchenleber (oder, wenn man sie bekommen kann: Fischleber)
1/4 l	Fischfond (Fertigprodukt oder selbst zubereitet, siehe Basisrezept S. 40)
1/2	Elisenlebkuchen
1	gestrichener EL Mehl
1 EL	Honig
20 g	Mandeln
10 g	Rosinen
10 g	Korinthen
1	frische Feige
	Pfeffer
	Salz

Zubereitung: Den Elisenlebkuchen zerbröseln; die Mandeln feinhacken; die Feige waschen, häuten und in ganz kleine Würfel schneiden. Die Butter in einer Kasserolle bei mittlerer Hitze schmelzen lassen, die Leber hinzugeben und während des Dünstens zerdrücken und salzen. Wenn sie durchgezogen ist, Lebkuchen, Mehl, Honig, Mandeln, Rosinen, Korinthen und Feigen in die Kasserolle geben, kurz mit andünsten und mit dem Fischfond ablöschen. Mit Pfeffer abschmecken.

Die süße Sauce schmeckt warm und kalt und paßt sehr gut zu Hecht (auf dreierlei Art oder gefüllter Hecht).

Tip: Wenn man einen ganzen Hecht kauft und ihn vom Fischhändler ausnehmen läßt, kann man sich die Leber geben lassen und mit verwenden. Dabei muß darauf geachtet werden, daß beim Ausnehmen die Galle nicht verletzt wird, sonst schmeckt die Leber unangenehm bitter. Da ein Hecht von ca. 2 kg allerdings nur etwa 30 g Leber hat, empfiehlt es sich, mit Hähnchenleber zu ergänzen, wenn man nur eine Sauce zu dem Fisch gibt.

Sauce zu Fisch

INTERESSANT AN DIESER Sauce ist, daß die Mischung ihrer Zutaten nach den Vorstellungen der mittelalterlichen Diätetik ziemlich genau dem Ideal von einer gut temperierten Speise entspricht, wenn man die Sauce als Beigabe für Fisch verwendet: Salbei, Zimt und Walnüsse sind von warmer und trockener Primärqualität; Wein fördert Verdauung; Essig nimmt Speisen die Hitze: drei warme Elemente werden also mit zwei Wärme mindernden kombiniert und als Beilage für Fisch empfohlen, der als feucht und kalt gilt.

Und willst du eine Sauce zu Fischen machen, so nimm Salbei und Zimt und Walnüsse. Das reib in guten Wein und treib es mit Essig durch, so wird es gut.

FÜR 4 PERSONEN

1 dl	Weißwein
1 EL	Balsamessig
100 g	Walnußkerne
1½ TL	Salbeiblätter (frisch oder getrocknet)
	Pfeffer
	Salz
1	Prise Zucker

ZUBEREITUNG: Walnußkerne und Salbeiblätter fein hacken, mit Weißwein und Balsamessig vermischen, mit Pfeffer, Salz und Zucker abschmecken und vor dem Servieren mindestens 1 Stunde ziehen lassen.

Agraz (aus Wein, Essig, Weinbeeren, sauren Äpfeln)

DAS WORT AGRAZ hängt mit dem provenzalischen *agras* und dem mittellateinischen *agresta* zusammen und bezeichnet ursprünglich den Saft von unreifen Weinbeeren. Agraz heißen daher säuerliche Saucen oder Brühen, die aus frischen Weinbeeren oder anderen säuerlichen Obstarten hergestellt werden. Das *Buoch von guoter spîse* überliefert zwei verschiedene Rezepte, darunter das folgende:

Willst du eine säuerliche Sauce machen, nimm Weintrauben und zerstoß saure Äpfel, tu dies zusammen, vermenge es mit Wein und drück es aus. Diese Sauce ist gut zu Lammbraten und zu Hühnern und zu Fischen und heißt Agraz.

FÜR 4 PERSONEN

250 g	grüne oder blaue Weintrauben
2	Boskop (oder frühe Granny Smith)
¼ l	Rotwein
1	Prise Pfeffer

ZUBEREITUNG: Äpfel schälen, das Kerngehäuse entfernen, in kleine Schnitze schneiden. Weintrauben und Apfelschnitze im Mixer pürieren, mit dem Wein vermischen und durch ein feines Sieb geben und kalt servieren.

Die Sauce hat einen erfrischenden, mild-säuerlichen Geschmack und paßt ausgezeichnet zu Lammkeule, zu Rehbraten im Teig, zu Huhn im Brätmantel oder zu Fleischpasteten.

Codiment (aus Wein, Essig, Schalotten, Salz)

DAS WORT CODIMENT ist abgeleitet von lateinisch *condimentum*, «Gewürz, Würze» und bezeichnet eine würzige Brühe oder Sauce. Aus dem *Buoch von guoter spîse* stammt folgendes Rezept:

Noch eine Würzbrühe.

Nimm Schalotten, schäl sie und reib sie mit Salz. Vermenge sie mit Wein oder Essig und drück sie aus. Diese Sauce ist gut zu Rinderbraten.

FÜR 4 PERSONEN

250 g	Schalotten
	Salz
¼ l	kräftiger Rotwein (Burgunder)
1 EL	Rotweinessig

nach Geschmack: 1 Prise Zucker

ZUBEREITUNG: Schalotten schälen, sehr fein hacken, mit wenig Salz und dem Rotwein vermischen und durch ein feines Sieb passieren. Mit Essig und eventuell Zucker abschmecken. Man kann die Schalotten auch im Rotwein weichkochen und anschließend durch ein feines Sieb passieren.

Die Sauce hat einen ungewöhnlichen, recht strengen Geschmack, ist aber angenehm leicht und paßt sehr gut zu kräftig gewürztem, dunklem Fleisch (Rind, Lamm, Wild), aber auch zu schweren Hühnergerichten (z. B. Hühner im Brätmantel).

Knoblauch-Salbei-Sauce

Eine Sauce

Nimm saure Weinbeeren und tu Salbei dazu und zwei Knoblauchzehen und Speck und zerstoß das zusammen. Drück es aus und gib es als eine gute Sauce.

FÜR 4 PERSONEN

250 g	blaue Weintrauben
100 g	durchwachsener Speck
4–5	Blätter Salbei
1–2	Knoblauchzehen
⅛ l	kräftiger Rotwein
	Salz

nach Geschmack: eine Prise Zucker

ZUBEREITUNG: Speck fein würfeln und in einer größeren Pfanne ausbraten, mit Wein ablöschen. Knoblauch schälen und mit der Knoblauchpresse zerdrücken; Salbei fein hacken. Beides zusammen mit den Weintrauben in den Sud geben, aufkochen lassen, dann durch ein feines Sieb schlagen. Mit Salz (und nach Belieben mit etwas Zucker) abschmecken.

Paßt zu Lamm, dunklem Fleisch, Fleisch-Pasteten und Kalbsnierenbraten im Teigmantel.

Minzsauce (auf Rinderfond, mit Schalotten, Minze)

Ein Würzbrühlein

Nimm Rindfleisch, wie es gerade kommt, koch es gar, salz es gut. Nimm Schalotten und Minze dazu (nimm genug von diesem Kraut), laß es in einer fetten Brühe gut kochen und bereit es zu, wie du willst, und servier es.

Für 4 Personen

6	Schalotten
10 g	Butter
3 EL	Pfefferminzblätter, feingehackt
2 dl	Rinderbrühe
¼ TL	Fleischextrakt
3 EL	Weinessig
3 TL	Honig
¼	Milchbrötchen

Zubereitung: Die Pfefferminzblätter (am besten *Mentha piperata* oder *Mentha viridis*) gut waschen und fein hacken. Die Schalotten schälen, sehr fein hacken, in der Butter glasig dünsten und mit der Brühe ablöschen. Das Milchbrötchenviertel zerzupfen und in die Brühe geben. Fleischextrakt, Essig und Honig hinzufügen, kurz aufkochen, vom Feuer nehmen und durch ein sehr feines Sieb streichen. Dann die Minze hinzufügen und vor dem Servieren wenigstens eine Stunde ziehen lassen.

Noch besser als zu Rindfleisch, wie im Rezept angegeben, paßt die Sauce zu Lamm. Sie harmoniert aber auch mit Wild und Fleischpasteten.

Schwallenbergs Sauce (mit Wein, Honig, Knoblauch)

DIES IST EINES der wenigen mittelalterlichen Gerichte, die mit einem Namen verbunden sind; vielleicht handelt es sich dabei um den Namen eines Kochs.

Eine gute Sauce

Nimm Wein und Honig, setzt das aufs Feuer und laß es kochen. Tu mehr zerstoßenen Ingwer dazu als Pfeffer. Zerstoß Knoblauch, doch nicht allzuviel, und mach es stark und rühr es mit einem schmalen Löffel aus Holz oder Metall um, laß es kochen, bis es aufwallt. Dies soll man bei kaltem Wetter essen, und es heißt «Swallenbergs Sauce».

FÜR 4 PERSONEN

⅛ l	Rotwein
4 EL	Honig
¼	Milchbrötchen
5 St	frischer (oder getrockneter) Ingwer
½ TL	schwarze Pfefferkörner
1	Zehe Knoblauch

ZUBEREITUNG: Den Wein zusammen mit dem Honig erhitzen. Den Ingwer fein würfeln und im Mörser zerkleinern; den Pfeffer im Mörser mittelfein zerstoßen; die Knoblauchzehe schälen und durch die Knoblauchpresse treiben. Alles zusammen mit dem Brötchenviertel in die Wein-Honig-Mischung geben, noch etwas einkochen lassen. Dann durch ein feines Haarsieb passieren und warm zu Wild, Rind, Schwein, Lamm oder Fleischpasteten servieren. Die Sauce harmoniert auch sehr gut mit dem Gemüse aus dicken Bohnen und Birnen.

Sauce zu weißen Hühnern

Sauce zu weißen Hühnern

So nehmt welsche (italienische) Weinbeeren und reib die klein, schlag sie durch ein Tuch mit gutem Wein und schmeck sie gut ab. So hast du eine gute Sauce.

Für 4 Personen

125 g	Rosinen
¼ l	Rotwein
½ TL	schwarze Pfefferkörner
1	Prise Salz

Zubereitung: Die Rosinen in dem Wein kurz aufkochen, im Mixer pürieren und durch ein grobes Haarsieb passieren, wieder zum Feuer geben und etwas reduzieren. Mit Salz und dem im Mörser zerstoßenen Pfeffer abschmecken.

Die Sauce kann warm oder kalt serviert werden. Sie ähnelt im Geschmack der Cumberlandsauce und paßt sehr gut zu Lebergerichten, zu Fleischpasteten und Wild. Das Rezept ist zusammen mit dem Rezept für «weiße Hühner» (S. 129) überliefert.

Sauce zu roten Hühnern

In unmittelbarer Nähe zu der eben beschriebenen Sauce für weiße Hühner befindet sich auch das folgende Rezept für eine grüne Kräutersauce, die ausdrücklich als Beigabe zu «roten Hühnern» ausgewiesen ist. Hinter dieser Zusammenstellung scheint nicht nur der Wunsch nach bestimmten Geschmackskombinationen zu stehen, sondern auch ein Sinn für Farbeffekte: Die Sauce zu den «weißen Hühnern» ist von dunkelrot-brauner Farbe, die zu «roten Hühnern», die je nach der Menge an Safran, die man verwendet, hellgelb bis fast orangefarben sein können, ist kräftig grün; die Saucenfarben bilden so einen Kontrast zu den Farben der Gerichte.

Für die Auswahl der Kräuter habe ich mich an einem Rezept für eine Kräutersauce von Meister Hansen (15. Jahrhundert) orientiert.

Eine Sauce zu roten Hühnern zu machen

So nehmt Petersilie und reibt die fein und schlagt sie durch ein Tuch mit einem Ei und mit Essig. Schmeck es ab, so wird es gut. Dazu kannst du beliebige grüne Kräuter nehmen, sie müssen nur rein sein.

Für 4 Personen

1 Bd	Petersilie	5 cl	Essig
½ Bd	Schnittlauch	5 cl	Weißwein
½ Bd	Dill	1	Eigelb
1 TL	Kerbel		Pfeffer
1 Msp	Thymian		Salz
1 TL	Sauerampfer	1	Prise Zucker
1 EL	Schalotten, feingehackt		

Zubereitung: Aus Essig, Wein und Eigelb eine Marinade rühren, mit Pfeffer, Salz und Zucker abschmecken. Die Kräuter gut waschen, mit Küchenkrepp trockentupfen und fein hacken und in die Marinade mischen.

Weichselkirschen-Sauce

Eine Sauce von Weichselkirschen zu machen

Wenn du eine gute Sauce von Weichselkirschen machen willst, so tu die Kirschen in einen Topf und setz sie aufs Feuer und laß sie kochen und laß sie dann wieder erkalten und passier sie durch ein Tuch und tu sie dann wieder in den Topf und setz sie aufs Feuer und laß sie gut kochen und rühr sie, bis sie dick werden, und tu dann Honig daran und geriebenes Brot und Nelken und Gewürzpulver und tu sie in ein Fäßchen. Sie hält sich über drei oder vier Jahre.

FÜR 4 PERSONEN

Von frischen Kirschen

300 g	frische Sauerkirschen (Schattenmorellen)
¼ l	Wasser
20 g	Butter
3 EL	Honig
1	Scheibe Weißbrot
1 Msp	Nelkenpulver
1 Msp	schwarzer Pfeffer
¼ TL	Zimt
1	Prise Salz

Von Kirschen aus dem Glas

200 g	entsteinte Sauerkirschen aus dem Glas
¼ l	Kirschsaft
20 g	Butter
1 TL	Honig
1	Scheibe Weißbrot
1 Msp	Nelkenpulver
1 Msp	schwarzer Pfeffer
¼ TL	Zimt
1	Prise Salz

ZUBEREITUNG: Frische Kirschen entstielen, entsteinen, waschen, mit gut ¼ l Wasser aufkochen. Die gar gekochten Kirschen bzw. die Kirschen aus dem Glas auf ein Sieb geben, dabei den Saft auffangen, die Kirschen passieren. Mit dem fein zerbröselten Weißbrot, dem Honig und den Gewürzen wieder aufkochen und die Flüssigkeit auf etwa zwei Drittel reduzieren.

Die Sauce warm zu Wild oder Fleisch-Pasteten reichen.

Eier- und Mehlspeisen

EIER – AUF VIELERLEI ART

Der erste will auf die Reise
und will sein Ei hart gekocht.
Der zweite sagt: Mein Lieber,
brat mir mein Ei klar.
Der dritte will den Dotter weich,
sonst versetzt er ihm einen Schlag.
Der vierte will nicht hineinstechen –
er macht einen Guglhupf.
Das scheint dem fünften nichts zu taugen,
er schlägt seins in den Ofen.
Der sechste will seins in Fett gebacken,
darüber streut er Salz.
Der siebte will von Eiern in Butter
nicht ablassen.
Das will dem achten gefallen:
er schlägt Eier über Grieben.
Der neunte sagt dann:
reich mir eine Pfanne
und verrühr es mir darin.
(Dazu gehöre ich auch!)
Der zehnte ist so kühn,
Pfannküchlein zu verlangen.
Der elfte ist so brav
und schlägt sie in die Milch.
Der zwölfte hat sich
verlorene Eier auserwählt.
Der dreizehnte will bestimmt
Petersilie und Essig,
da hinein gibt er seine Eier.
Der vierzehnte will ein Süppchen:
Er hat Kopfschmerzen
und hofft, daß sie davon vergehn.

Die Gedichte des Königs vom Odenwald

Apfel- und Birnenschnitte im Eierteig
(Pavesen, Povesen)

Im *Buoch von guoter spîse* findet sich unter der Überschrift *Ein spise von birn* das Rezept für ein Gericht, das anderswo als *Pavesen* oder *Povesen* bezeichnet wird. Dieser Name ist abgeleitet von dem aus dem Italienischen stammenden mittelhochdeutschen Lehnwort *pavese* oder *pafese*, das urspruglich einen großen Schild bezeichnet, der mit seiner langen eisernen Spitze in die Erde gesteckt wurde, wodurch er feststand und dem Schützen zur Deckung dienen konnte. *Pavesen* können, wie im folgenden Rezept, mit Obst oder mit Hirn gefüllt sein. Sie werden verschiedentlich als Einlage für Erbsen- oder Rübenbrühe erwähnt.

Nimm gebratene Birnen und saure Äpfel und back sie klein, und tu dazu Pfeffer und Anis und rohe Eier. Schneide zwei dünne Scheiben Weißbrot, füll dies dazwischen, nicht ganz einen Finger dick. Mach einen dünnen Eierkuchen und schlage ihn darum und back es in Butter in einer Pfanne, bis es goldbraun wird, und servier es.

Für 4 «Pavesen»

Fülle

2	reife Birnen (200 g)
2	säuerliche Äpfel (200 g)
	Pfeffer
	Anis
	Zimt
1	Stiel Zitronenmelisse
50 g	Butter zum Andünsten
1	Eigelb
8	dünne Weißbrotscheiben (Toastbrot)

Pfannkuchenteig

150 g	Mehl
4	Eier
knapp ½ l	Milch
1	Prise Salz
1	Prise Zucker
40 g	Schmalz oder Butter zum Ausbacken

Zubereitung: Birnen und Äpfel schälen, vom Kerngehäuse befreien, fein würfeln und in etwas Butter glasig dünsten. Mit Eigelb binden, mit Pfeffer, Anis, Zimt und Zitronenmelisse abschmecken und die Masse auf vier Weißbrotscheiben streichen, mit den anderen vier Scheiben bedecken.

Aus den angegebenen Zutaten einen Pfannkuchenteig herstellen, vier sehr große oder 8 normal große Pfannkuchen goldgelb ausbacken, die Brotscheiben darin einschlagen und sogleich servieren.

Man kann auch die gefüllten Weißbrotscheiben in den Pfannkuchenteig tauchen und dann in heißem Schmalz ausbacken.

Fastenkrapfen mit Nüssen und Äpfeln

Ein Krapfen

Willst du einen Fastenkrapfen machen, so nimm Nüsse und stoß sie in einem Mörser, und nimm ebensoviel Äpfel und schneide sie würflig dazu und vermenge sie mit irgendwelchen Gewürzen und fülle das in die Krapfen. Und leg sie in eine Pfanne und laß sie backen.

Für 4 Personen

Fülle		*Teig*	
200 g	Haselnüsse	3 EL	Wein
2	säuerliche Äpfel	2 EL	Honig
2 EL	Honig	300 g	Mehl
	Zimt	6	Eigelbe
	Ingwer	70 g	Butter
	Nelken		Salz
	Safran	3 EL	Sahne
	Kardamom (nach Belieben)	1	Eiklar
	Schmalz zum Ausbacken		

Zubereitung: Die Haselnüsse fein hacken, die Äpfel schälen, vom Kerngehäuse befreien und fein hacken. Äpfel und Nüsse vermengen und mit Honig, Zimt, Ingwer, Nelken, Safran und eventuell ein wenig Kardamom abschmecken.

Einen Krapfenteig nach den Angaben des Basisrezepts (S. 36) zubereiten, Vierecke oder Kreise ausschneiden, mit Eiklar bestreichen und in der Mitte mit der Fülle belegen. Zuklappen und die Ränder andrücken. In der Pfanne in sehr heißem Schmalz ausbacken.

Warm servieren. Man kann die Krapfen allein mit Zucker oder mit Zukker und Zimt bestreuen.

Eine Variante zu diesen Fastenkrapfen bietet ebenfalls das *Buoch von guoter spîse:* Fastenkrapfen mit ganzen Nüssen. Die Zutaten sind dieselben wie im vorigen Rezept. Nur läßt man die Nüsse ganz, röstet sie im Backofen auf dem Kuchenblech, bis die braunen Schalen abfallen, und schneidet die Äpfel in nußgroße Stückchen. Nüsse und Äpfel werden mit dem erwärmten Honig verrührt und auf den vorbereiteten Teig gelegt. Die Krapfen im heißen Fett in der Pfanne backen.

Als weitere Variante zu diesem Rezept bietet das *Buoch von guoter spîse* Fastenkrapfen mit Weinbeeren und Äpfeln: statt der Haselnüsse werden Rosinen zur Fülle getan.

«*Col ris*» (Pudding aus Pfannkuchen, Semmelwürfeln und einem Milch-Sahnegemisch)

Der Name Col ris kommt dreimal im *Buoch von guoter spîse* vor und bezeichnet eine Süßspeise aus Eiern, Milch und Brot. Seine Herkunft und seine Bedeutung sind unbekannt.

Ein gebackenes Col ris

Mach dünne Pfannkuchen aus Eiern und schneide sie klein und wirf sie in eine süße Milch. Und nimm Weißbrot und schneide das würflig und tu es hinein, und vermeng es mit Eidottern und koch es auf und tu etwas Fett dazu und versalz es nicht.

Für 4 Personen

Pfannkuchen

100 g	Mehl
1/4 l	Milch
2	Eier
1	Prise Salz
	Butter zum Ausbacken

Eiermilch

4 dl	Milch
2 dl	Sahne
2 EL	Honig
6	Eigelbe
1	Weizenbrötchen
	Salz
2 EL	Schmalz
(1 säuerlicher Apfel)	

Zubereitung: Zunächst aus den angegebenen Zutaten einen Pfannkuchenteig nach den Anweisungen im Basisrezept (S. 37) herstellen. Die abgekühlten Pfannkuchen zusammenfalten, in Streifen schneiden und in eine Keramik-Puddingform oder Gugelhupfform legen.

Das Brötchen fein würfeln, auf die Pfannkuchenstreifen legen. Sahne und Milch mit Honig und den Eigelben verquirlen, eine Prise Salz und das zerlassene Schmalz hinzufügen. Die Flüssigkeit in die Form gießen. Die Form mit einem Deckel oder Alufolie abdecken und den Pudding im Wasserbad etwa 40–50 Minuten garen.

Eine Variante dieser Süßspeise enthält zusätzlich Apfelstücke, die feingeschnitten ebenfalls in die Form gegeben werden.

▷ *Die stadtbürgerliche Oberschicht stand seit dem Spätmittelalter dem Adel im Speiseluxus nicht nach: Kostbare silberne Gefäße zieren die mit einem Tischtuch bedeckte Tafel des Basler Zunftmeisters H. R. Faesch. Aus silbernen Kannen, von denen im Vordergrund zwei in einem Wasserbecken gekühlt werden, schenkt man die Getränke aus. Von der Taube in der silbernen Vorlegeplatte sind noch der Kopf und die Krallen erkennbar. Holzbretter (statt der früher üblichen Brotfladen) dienen als Eßteller, und jeder hat ein Messer. Als Nachtisch werden gerade Äpfel und Nüsse aufgetragen, und selbst der obligate Hund fehlt nicht.*

Pasteten von Apfelwürfeln (als Brautessen)

Willst du Würfel von Äpfeln machen, so nimm eine Flossenpfanne mit einem ebenen Boden. Laß ein wenig Fett auf dem Boden der Pfanne umlaufen, dann nimm ein Ei und mach zwei Eierkuchen daraus. Wenn du die Eierkuchen gemacht hast, so back die Äpfel, die nicht mit Mehl und mit Teig überzogen sind. Wenn du meinst, daß du genug hast, dann würz es gut mit Muskat und Muskatblüte, mit Ingwer und mit Nelken. Und nimm etwas Honig, geriebenen Lebkuchen dazu und vermisch das gut miteinander auf kleiner Flamme. Wenn du meinst, daß es genug ist, so nimm die Eierkuchen, die du gemacht hast, und schneide sie in zwei Finger breite Stücke, dann nimm die Fülle und streich sie auf die Eierkuchen mit etwas Zucker und roll es dann auf. Wenn du das so gemacht hast, so geh hin und schlag zwei Eiklar (zu Schnee) auf. Gib Fett (in eine Pfanne) und back eines nach dem andern im Fett. Kühl es ab. Du kannst ein Ragout darüber geben oder eine Gallerte. Servier es als Brautessen.

FÜR 4 PERSONEN

Pfannkuchenteig		*Fülle*			
2	Eier	4	säuerliche Äpfel	1	Prise Nelkenpulver
100 g	Mehl	1 EL	Zucker	4 EL	Honig
1/8 l	Milch	1 EL	Zitronensaft	2	Lebkuchen
1/8 l	Sahne	1	Prise Salz	3	Eiklar
1 EL	Zucker		Muskat	3	Eigelb
1	Prise Salz		Muskatblüte	1 EL	Mehl
			Ingwer		
100 g	Schmalz oder Butter zum Abbacken				

ZUBEREITUNG: Äpfel schälen, vom Kerngehäuse befreien, in Würfel schneiden. Mit 1/2 EL Zucker, 1 EL Zitronensaft und 1 EL Wasser leicht andünsten, beiseite stellen. Aus den 2 Eiern, Mehl, 1/2 EL Zucker, 1 Prise Salz, Milch und Sahne nach den Anweisungen im Basisrezept (S. 37) einen Pfannkuchenteig anrühren, die (wenigstens 4) Pfannkuchen in heißem Fett goldbraun backen und warm stellen.

Den Honig in einen kleinen Topf füllen, die geriebenen Lebkuchen, Muskat, Muskatblüte, gemahlenen Ingwer und Nelkenpulver hinzufügen, alles gut miteinander vermischen und auf kleiner Flamme erwärmen.

Diese Fülle auf die Eierkuchen streichen und mit etwas Zucker bestreuen. Die gedünsteten Äpfel hinzufügen und die Pfannkuchen aufrollen. Die Eigelbe schaumig rühren, die Eiklar zu steifem Schnee aufschlagen, auf die Eigelbmasse geben; 1 Eßlöffel Mehl und 1 Teelöffel Zucker darüber sieben und alles vorsichtig unterziehen. In heißem Fett 4 Omeletts abbacken. Die eingerollten gefüllten Pfannkuchen in die Omeletts legen und einschlagen.

Krapfen mit Käse, Ei und Speck gefüllt

Ein gutes Gebäck

Reib Käse, vermenge den mit Eiern und gib kleingeschnittenen Speck dazu. Mach einen schönen festen Teig und füll den Käse und die Eier da hinein und mach Krapfen und back sie in Butter oder in Schmalz, je nach der Zeit (d. h. je nachdem, ob Fasten- oder Fleischtag) und servier sie warm.

FÜR 4 PERSONEN

Teig

300 g	Weizenmehl
6	Eigelbe
	Salz
70 g	Butter
3 EL	Sahne
3 EL	trockener Weißwein
1	Eiklar
ca. 100 g	Schmalz oder Butter zum Ausbacken

Fülle

100 g	geriebener Käse (Emmentaler oder Parmesan)
125 g	durchwachsener Speck
1	Ei
	Pfeffer

ZUBEREITUNG: Aus den angegebenen Zutaten einen festen Teig bereiten und ausrollen. Mit Eiklar bestreichen und in Quadrate von ca. 10 cm Seitenlänge zerschneiden. Für die Fülle den durchwachsenen Speck in sehr feine Würfel schneiden; den geriebenen Käse mit dem Ei und dem Speck vermischen, mit Pfeffer abschmecken und in die Mitte der Teigquadrate geben. Die Teigflecken zu Dreiecken zusammendrücken und in der Pfanne in heißem Schmalz ausbacken.

über last
dich
got geb das

«*Krumme Krapfen*» (Variante: Käsekrapfen)

REZEPTE FÜR «KRUMME KRAPFEN» kommen in mehreren Kochbüchern und Rezeptsammlungen vor, so bereits im *Alemannischen Büchlein von guter Speise* und im handschriftlichen Kochbuch der Grazer Universitätsbibliothek. Der Name irritiert, weil diese Käsekipfeln gar nicht mit dem üblichen Krapfenteig hergestellt werden, sondern das Mehl laut Rezept direkt mit Käse und Eiern vermischt wird; der Käse dient also nicht als Füllung, sondern ist Ingredienz des Teigs. Im *Alemannischen Büchlein von guter Speise* lautet das Rezept:

Zu krummen Krapfen wie Hufeisen sollst du guten Käse reiben, und nimm halb soviel Mehl und schlag Eier darunter, daß es sich umso besser aufrollen läßt, und würze es genug. Und roll es auf einem Brett aus, daß es wie Würste wird. Daraus mach dann krumme Krapfen wie Hufeisen, die werden sehr gut und sind sehr gesund, und man soll sie in Schmalz backen.

Im *Grazer Kochbuch* heißt es:

Und willst du einen Krapfen machen, so nimm harten Käse und reib den und schlag Eier daran und hack ein wenig Speck und ein wenig Mehl. Das misch miteinander und streichs in die Pfanne. Wenn es gebacken ist, so bestreu es mit Zucker.

FÜR 4 PERSONEN

200 g	geriebener Käse (Emmentaler, Raclette oder Gouda)
200 g	Mehl
4	Eier
	Pfeffer aus der Mühle
	Salz
	Pfeffer

wahlweise hinzufügen:

125 g	durchwachsener Speck, fein gewürfelt
150 g	Schmalz oder ½ l Öl zum Ausbacken

ZUBEREITUNG: Den geriebenen Käse mit dem Mehl, den Eiern und den Gewürzen zu einem festen Teig verkneten. Wenn man die Variante mit Speck macht, den feingewürfelten Speck hineinkneten. Den Teig zu kleinen Hufeisen formen und im heißen Schmalz goldgelb ausbacken. Heiß servieren.

Ein beliebtes Motiv spätmittelalterlicher Genrebildnerei ist das Gastmahl des reichen Mannes, vor dessen Tür der arme Lazarus lag. Es gibt Gelegenheit, zeitgenössische Pracht zu demonstrieren. Auf diesem Basler Lazarusteppich blickt der Betrachter wie durch ein Fenster auf einen überaus reich gedeckten Tisch, zu dem Bedienstete weitere Vorlegeschüsseln (links) und Trinkpokale (rechts) bringen. Auf dem Tisch stehen vor einer Platte mit Fleisch ein Noppenglas mit Deckel und zwei Gefäße für Pfeffer und Salz. Rechts im Hintergrund ist eine Galerie kostbarer Glasgefäße aufgestellt.

Strauben mit Petersilienfüllung

Wer gute Sträublein backen will, der nehme eine Handvoll Petersilie, die stoße er und mische sie mit Wasser und etwas Weißbrot, treib es durch ein Tuch. Nimm Eier und Mehl. Mach einen guten Straubenteig, versalz es nicht. Nimm die durchgeschlagene Petersilie und streu sie in die Pfanne, nicht zu dick, und (back die Strauben) in einer Pfanne, die nicht zu eng sein soll.

FÜR 6–8 PERSONEN ALS VORSPEISE

Fülle

2 Bd	glatte Petersilie
1	Weizenbrötchen
	Pfeffer
	Salz
2 EL	Wasser
3 EL	Weißwein
1	Zwiebel oder 2 Schalotten
	Öl zum Ausbacken

Teig

90 g	Mehl
75 cl	Weißwein
3 TL	Öl
1	Eigelb
1	Eiklar
1	Prise Salz

ZUBEREITUNG: Petersilie fein hacken, Zwiebel oder Schalotten sehr fein würfeln, Brötchen im Wasser-Wein-Gemisch einweichen und zerzupfen, mit der Petersilie und den Zwiebel- bzw. Schalottenwürfeln vermischen, kräftig mit Pfeffer und Salz abschmecken.

Mehl, Weißwein, Öl, Eigelb und Salz nach den Anweisungen im Basisrezept (S. 35) kurz zu einem glatten Teig vermischen (wichtig: nicht zu lange rühren!). Unmittelbar vor der Verwendung des Teiges das Eiklar zu einem festen Schnee schlagen. Vorsichtig unter den Teig ziehen. Den Teig nur solange rühren, wie unbedingt notwendig, sonst wird er zäh.

Mit zwei Teelöffeln Portionen aus dem Petersilien-Brotgemisch abstechen, durch den Straubenteig ziehen und im schwimmenden Öl ausbacken.

Grüne Eier

Und will man harte Eier grün machen, so nimm Petersilie und stoß die (im Mörser) und schlag sie mit Wein durch und nimm Honig dazu und schmecks mit Gewürz ab und back sie (die Eier) im Schmalz und tu sie in die grüne Farbe, so werden sie richtig und gut.

Für 4 Personen als Vorspeise

4	Eier		Pfeffer
1 Bd	Petersilie	½ TL	Salz
1 EL	Weißwein	½ TL	Ingwer
2 TL	Honig	1	gestrichener TL Senfpulver
1 TL	Schmalz (Butter)		

Zubereitung: Die Eier hartkochen und schälen. Die Petersilie fein hacken, den Wein hinzugeben und durch ein feines Haarsieb schlagen; die Flüssigkeit auffangen und den Prozeß zwei- bis dreimal wiederholen, bis eine grünliche Flüssigkeit entsteht. Mit Honig, Pfeffer, Salz, Ingwer und Senfpulver abschmecken. Das Schmalz in einer Pfanne erhitzen, die Eier ein paar Mal darin wenden und anschließend in die grüne Petersilien-Wein-Mischung tauchen und darin wenden, bis sie die grüne Farbe annehmen. Mit Fladenbrot servieren.

Man kann auch statt der ganzen Eier nur die Dotter grün färben und die Eier dann auf einer grünen Unterlage servieren. Dazu braucht man zusätzlich:

Für das Gemüsebett

2 Bd	Sauerampfer	*oder*	
	oder	300 g	Blattspinat
300 g	Mangold	10 g	Butter
1	kleine Zwiebel	1	kleine Zwiebel
50 g	durchwachsener Speck	1	Knoblauchzehe
	Salz		Salz
	Pfeffer		Pfeffer
			Muskatnuß
10 g	Butter zum Fetten der Form		

Die Eier hartkochen, der Länge nach halbieren, den Dotter herausnehmen. Petersilie feinhacken, mit Wein, Honig, Butter und dem Eidotter vermischen, mit den Gewürzen abschmecken. Die Masse wieder in die Eihälften füllen. Den Sauerampfer in kochendem Wasser blanchieren, in kaltem Wasser abschrecken, abtropfen lassen, in eine gefettete feuerfeste Form legen, die Eier darauf setzen und im vorgeheizten Backofen bei 200° ca. 10 Minuten überbacken.

Für ein Bett aus blanchiertem Blattspinat die Zwiebel fein würfeln, die Knoblauchzehe schälen und in der Knoblauchpresse zerdrücken, zusammen mit der Zwiebel in etwas Butter glasig dünsten; den Spinat blanchieren, in kaltem Wasser abschrecken und abtropfen lassen. Dann mit den Zwiebeln und dem Knoblauch vermischen, pfeffern, salzen und mit einer Prise Muskat würzen. In eine gefettete feuerfeste Form geben, die Eier darauf setzen und im Backofen bei 200° ca. 10 Minuten überbacken.

Für das Bett aus Mangold den durchwachsenen Speck anbraten; den Mangold blanchieren, abschrecken und abtropfen lassen. Mit dem Speck vermischen, in eine gefettete feuerfeste Form geben, die Eier darauf setzen und im Backofen bei 200° ca. 10 Minuten überbacken.

Gefüllte halbe Eier

Willst du halbe Eier machen, die gefüllt sind, nimm Eier und koch sie hart. Schneid sie mitten durch. Nimm den Dotter aus dem Weißen. Zerstoß die Dotter in einem Mörser. Wenn sie zerstoßen sind, schlag rohe Eier dazu. Nimm Salbei und Marienblatt, Pfeffer und Safran. Und füll den Dotter wieder in das Weiße. Dann leg sie in Butter und brate sie ganz gar. Nimm Essig und andere Eier. Mach daraus eine gute Brühe und gib sie darüber, Honig, Pfeffer und Safran tu dazu. Salz es mäßig. Und gib es dann hin.*

FÜR 4 PERSONEN ALS VORGERICHT

Für die Eier

5 Eier
je eine Prise:
- Salbei
- Krauseminze (sparsam!)
- (oder frischer Koriander)
- Pfeffer
- Salz
- Safran

Zum Überbacken

2 Eier
2 EL Weinessig
2 EL Balsamessig
1 EL Honig
Pfeffer
Safran
Salz

ZUBEREITUNG: 4 Eier hartkochen, schälen, der Länge nach halbieren, die Dotter herauslösen und mit den Kräutern und Gewürzen im Mixer zerkleinern. Zum Schluß das rohe Ei hinzufügen. Die Masse wieder in das halbierte Weiß der Eier füllen. Die Eierhälften in eine gefettete, feuerfeste Form setzen. Zum Überbacken 2 rohe Eier, Essig, Honig, Pfeffer, Safran und wenig Salz miteinander verrühren und um die gefüllten Eier herum in die Form gießen. Im vorgeheizten Ofen bei 200° etwa 10 Minuten backen, bis die Masse gestockt ist.

* Im Originalrezept steht der Name *krusemynte;* er scheint auf Krauseminze *(Mentha crispa)* hinzuweisen; doch zitiert der Herausgeber Wiswe in seiner Anmerkung ein Glossar des 15. Jahrhunderts, in welchem der Name *cruseminte* mit *balsonie balsamita* (= *Tanacetum balsamita L.*, Marienblatt, Frauenblatt) wiedergegeben wird. Hanjörg Küster führt die Bezeichnung Marienblatt als einen früheren Namen des Balsamkrauts. Das Marienblatt ist heute nicht mehr als Würzpflanze bekannt.

Mus von weißen oder roten Rosen

Willst du ein Mus von weißen Rosen machen, so pflücke die Blütenblätter ab und tu sie in reines Wasser. Drücke sie aus und hack sie klein. Nimm die Rosen und Weißbrot und Kräuter und süße Milch und rühr das zusammen und laß es aufkochen. Schlag Eier hinein. Rühr das ab. Gib es in eine Schüssel. Streu Pfeffer darauf.

Willst du ein Mus von roten Rosen machen, so nimm die Rosen und behandle sie wie die anderen (d. h. wie eben beschrieben). Jedoch tu Wein in einen dreibeinigen Kochkessel. Da tu die Rosen hinein. Laß sie aufkochen. Rühr das ab mit Eiern. Mach es rot mit Safran.

FÜR 4 PERSONEN

Für Mus von weißen Rosen

4–8	weiße gefüllte Rosenblüten
¼ l	Wasser
2	Scheiben Weißbrot
1	Prise Zimt
	ev. einige Tropfen Rosenwasser
¼ l	Milch
1 EL	Honig
6	Eier
	Pfeffer

Für Mus von roten Rosen

4–8	rote gefüllte Rosenblüten
¼ l	Weißwein
2	Scheiben Weißbrot
6	Eier
1–2 EL	Honig
	Safran
	ev. etwas Rosenwasser

ZUBEREITUNG: Für das Mus von weißen Rosen die Blütenblätter abzupfen, in klarem Wasser gut reinigen, abtropfen lassen, mit Küchenkrepp vorsichtig trockentupfen und in feine Streifen schneiden. Mit Weißbrot und Zimt und, wenn die Rosen nicht sehr stark duften, mit einigen Tropfen Rosenwasser vermischen und unter die mit Honig gesüßte Milch rühren. Einige Löffel der Flüssigkeit abnehmen und mit den Eiern verrühren. Das übrige zum Kochen bringen, von der Feuerstelle nehmen, die Ei-Milch-Masse unter ständigem Rühren hinzufügen und bei geringerer Hitze andicken lassen. Nach Geschmack mit einigen Tropfen Rosenwasser beträufeln und mit einer Prise Pfeffer bestäuben.

Für das Mus von roten Rosen die Blütenblätter abzupfen, in klarem Wasser gut reinigen, abtropfen lassen, mit Küchenkrepp vorsichtig trockentupfen und in feine Streifen schneiden. Die Streifen mit dem fein zerkleinerten Weißbrot, dem Honig und dem Weißwein in einem Topf erhitzen. Etwas von dem Weißwein abnehmen und mit den Eiern verrühren. Den Topf vom Feuer nehmen, das Wein-Ei-Gemisch hinzufügen und bei mäßiger Hitze unter ständigem Rühren andicken. Mit Safran und eventuell mit Rosenwasser abschmecken.

Innereien

HERBSTFREUDEN

Wenn der Topf brodelt
und das Fett darin schwimmt,
dann begieße ihnen damit das Weißbrot,

dann werden sie alle sagen:
«Der Herbst ist erlesener als ein Edelstein.
Ein Hoch dem Wirt, der uns bedient hat».

Schaffe ihnen süße Enten herbei,
dazu die feinen Innereien;
damit kommst du ihnen recht,
und auch um des Herbstes Ansehen ist es wohlbestellt.
Wer jetzt traurig sein muß,
der gehört nicht unter die Schlemmer,
denn die erleben ihr höchstes Entzücken.

Hadlaub, «Herbstlied»

Gebackenes Hirn im Eierteig

Willst du eine gute Vorspeise machen

Nimm Hirn und laß es gut aufwallen, teil es in kleine Stücke, nimm eine geriebene Semmel und schlage Eier daran, auch Milch, Gewürz, Safran und etwas Grün, tu Schmalz in eine Pfanne und röste es gut, dann ist es recht.

FÜR 4 PERSONEN

400 g	Kalbshirn
1 l	Wasser
⅛ l	Essig
1	Zwiebel, gespickt mit 1 Nelke
150 g	Semmelbrösel oder frisch geriebenes Weißbrot ohne Rinde
4	Eier
¼ l	Milch
	Safran, oder ersatzweise Kurkuma (Gelbwurz)
	Salz
	Pfeffer
1 EL	frisch gehackte Petersilie
1 EL	frisch gezupfter Kerbel
100 g	Fett zum Braten

ZUBEREITUNG: Das Hirn gut wässern, bis es weiß ist. Die Haut abziehen, in Wasser mit etwas Essig und einer gespickten Zwiebel pochieren, erkalten lassen. Dann das Hirn in Scheiben schneiden. Semmelbrösel, Eier, Milch, Kräuter und Gewürze gut vermischen. Hirnscheiben darin wenden und im Fett braten.

Dieses Rezept stammt von Sabina Welser; ihre Verwandte, Philippine Welser, würzt den Ausbackteig mit Zimt und Muskat.

Briestorte

Ein gefüllter Kuchen

Zu gefüllten Kuchen nimm Bries und vermisch es mit Eiern. Und tu ein wenig Brot dazu oder zerstoßene Fische oder das Dicke von der Mandelmilch. Hiervon kann man mit guten Kräutern oder mit beliebigem Gemüse Kuchen machen.

Für 4 Personen als Vorspeise

Für die Pastete

125 g	Mehl
1	Ei
15 g	Schweineschmalz (oder Butter oder Margarine)
1–2 EL	Wasser
1	Prise Salz
Fett für die Form	

Für die Füllung

2 St	Kalbsbries (Milchling, Schweser)
3	Eier
30 g	Butter
2	Scheiben Weißbrot
4 EL	Weißwein
100 g	Mandelmilch (vorwiegend die Pulpe)
1 EL	gehackte Petersilie
1 TL	Zitronenmelisse
1	Prise Muskatnuß
	Pfeffer
	Salz
ev. 125 g	Seelachs- oder Wallerfilet

Zubereitung: Kalbsbries 1 bis 2 Stunden wässern. Aus den Zutaten für die Pastete nach den Anweisungen im Basisrezept (S. 38) einen Pastetenteig herstellen und kühl ruhen lassen.

Das Bries in kaltem Wasser aufsetzen und erhitzen; das Wasser abgießen, das Bries erneut in kaltem Wasser aufsetzen und köcheln, bis es weiß und fest geworden ist (ca. 20–30 Minuten). Das Bries von Sehnen und Häuten säubern und in Würfel schneiden.

Mandelmilch nach den Anweisungen im Basisrezept (S. 33) herstellen. Das Weißbrot in dem Wein einweichen. Petersilie und Zitronenmelisse waschen, trockentupfen, fein hacken. Die Butter in einer Schüssel schaumig rühren, mit den Eiern, dem zerzupften Weißbrot, den Kräutern, eventuell dem pochierten und zerpflückten Seelachsfilet sowie der Mandelmilch verrühren, mit Muskatnuß, Pfeffer und Salz abschmecken.

Den Teig auswellen, in eine gefettete, hohe Pastetenform oder eine Springform (24 cm ∅) legen und erst die Brieswürfel, dann die Farce daraufgeben. Bei 200° ca. 30 Minuten backen.

Kalbsleberpastete

Willst du eine gute Pastete machen, so nimm eine Kalbsleber oder von einem (Schafs-)Bock und koch sie auf einem Rost mäßig auf. Schneide sie recht klein. Stoß sie in einem Mörser ganz klein. Nimm ein wenig Honig und Kräuter. Nimm Rosinen und zwei Eier. Vermisch das damit und forme das zusammen zu einem Stück. Leg das in einen Topf oder in ein Gefäß und rühr es oft um und laß es backen. Dann steck es an einen Spieß und beträufel es gründlich mit etwas (ausgelassenem) Speck. Bespreng es mit Honig und mit Kräutern und laß es gar braten. Das heißt Pastetenleber.

FÜR 4 PERSONEN

500 g	Leber
100 g	fetter Speck (gewürfelt)
150 g	fetter Speck (in dünne Scheiben geschnitten)
3 EL	Honig
50 g	Rosinen
2	Eier
2	Scheiben Weißbrot
½ Bd	Petersilie
2	Stiele frischer Koriander
1 St	Ingwer, fein gewürfelt (oder ½ TL Pulver)
1 Msp	Muskat
1	Prise Thymian
	Pfeffer
½ TL	Salz
Bratfett	

ZUBEREITUNG: Wenn man, wie im Originalrezept beschrieben, eine relativ feste Leberfarce machen wollte, um sie am Ende am Spieß zu grillen, müßte man sehr viel mehr Mehl und/oder Weißbrot hinzufügen. Ich ziehe es daher vor, die Leberfarce in einer Pastetenform im Wasserbad zu garen.

Leber säubern, waschen, trockentupfen. Auf dem Grill fast gar rösten oder mit etwas Fett in der Pfanne von beiden Seiten anbraten. Die Leber herausnehmen, zunächst würfeln, dann im Mixer pürieren, mit 2 EL Honig, den Rosinen, den Eiern, dem zerpflückten Weißbrot und den Gewürzen vermischen. Den fein gewürfelten Speck auslassen, die Würfel unter die Leberfarce mischen und das ausgelassene Fett mit dem restlichen Honig vermischen. Eine (ovale) Pastetenform mit den dünnen Speckscheiben auslegen, die Leberfarce hineingeben, mit dem Honig-Fett-Gemisch bepinseln und mit dünnen Speckscheiben abdecken. Die Form in ein Wasserbad stellen und zunächst auf dem Herd zum Kochen bringen, dann im Backofen bei 165–170° 2 Stunden lang garen.

Süß-saure Rinderleber

Willst du eine gute Leber machen

Nimm eine Rinderleber, die nicht knotig ist, und schneid sie in fünf Stücke und leg sie auf einen Rost und brate sie. Wenn sie sich so gesäubert hat, so wässere sie in warmem Wasser oder in einer fetten Brühe. Koch das und laß sie gar braten und nimm sie dann heraus und laß sie abkühlen und schneide sie schön zu. Nimm dann ein halbes Stück und zerstoß es in einem Mörser und füge eine zerstoßene, geröstete Brotrinde hinzu, tu Pfeffer dazu und Ingwer, damit es scharf wird, und nimm etwas Anis und zermahl das mit Essig und mit Honigseim und koch es, bis es dick wird, und laß es erkalten und leg soviel Leber, wie du willst, hinein. Und zu einem Fest mach es aus Hirschleber. Und Wildschweinleber mach ebenso.*

FÜR 4 PERSONEN
600 g Rinder- oder Kalbsleber
(ev. 20 – 30 g Butter)
30 g Weißbrotrinde, geröstet (oder Zwiebackmehl)
½ TL schwarzer Pfeffer
½ TL Ingwerpulver (oder feingehackten frischen Ingwer)
½ TL Anis, gemahlen
Salz
6 EL Rotweinessig
3 EL Honig

ZUBEREITUNG: Wenn man die Leber am Stück kauft, dieses in größere Stücke zerteilen, grillen oder mit wenig Fett in der Pfanne braten. In feinere Scheiben zerteilen, zwei davon beiseite legen, die restlichen auf dem Grill oder in der Pfanne zu Ende garen. Inzwischen die beiseite gelegten Scheiben zerdrücken oder im Cutter pürieren, die geröstete Brotrinde (oder den Zwieback) mit dem Nudelholz zerbröseln. Lebermus mit Semmelbröseln, Essig, Honig, Pfeffer, Ingwer, Anis und Salz vermischen und in einer Kasserolle erhitzen. Auf eine (möglichst vorgewärmte) Platte legen, die gegrillte Leber pfeffern und salzen und darauf anrichten.

Wenn man die Leber in Scheiben kauft, säubert man sie vor dem Grillen oder Braten, nimmt ein Stück etwas früher vom Grill bzw. aus der Pfanne und verfährt damit wie oben.

* Hier wird der Prozeß beschrieben, durch den Leber koscher gemacht wird.

Rehleber

Zu den Herrenspeisen zählten natürlich die Innereien von Hochwild, wie etwa Hirschleber oder Rehleber. Auch heute sind dies Gerichte, zu denen nur wenige Zugang haben – man bekommt kaum je Leber von Wild, weil sie nach alter Tradition dem Jäger zusteht. Man kann versuchen, sie in Spezial-Wildgeschäften zu bestellen, wenn man keinen Jäger im Freundeskreis hat. Für das folgende Rezept lohnt es sich wirklich. Man kann aber auch, wenn man keine Rehleber bekommt, Geflügelleber verwenden.

Ein Gericht von einer Rehleber. Nimm die Leber und siede sie oder brat sie oder grille sie. Danach hack sie klein oder zerstoß sie oder zerdrück sie mit etwas Roggenbrot in einer guten Brühe und tu Wein und ein wenig Essig daran und Speck und koch es und richte es in Schüsseln an und gib einen Eierkuchen darüber.

Für 4 Personen als Vorspeise

300 g	Rehleber
75 g	durchwachsener Speck
2	Schalotten
1	Scheibe Roggenbrot (ohne Rinde)
1/8 l	Rinderbrühe (oder, wenn man hat: Wildkraftbrühe)
2 EL	Rotwein
1 EL	Rotweinessig
1/2 Bd	Petersilie
	Pfeffer
	Salz

Zubereitung: Den Speck fein würfeln, die Schalotte schälen und ebenfalls sehr fein würfeln. Den Speck in einer Pfanne bei großer Hitze kurz anbraten, Hitze herunterschalten, Schalottenwürfel hinzugeben. Die Rehleber in kleinere Stücke zerteilen, hinzugeben und garen. Die Scheibe Roggenbrot in etwas warmer Brühe aufweichen und zerpflücken, in die Pfanne geben. Restliche Brühe, Rotwein und Essig hinzufügen. Alles gut verrühren und kräftig mit Pfeffer und Salz abschmecken. Petersilie fein hacken und darüber streuen.

Dazu paßt Roggenbrot.

Man kann die Rehleber auch – wie im Originalrezept angegeben – in Pfannkuchen eingeschlagen servieren, die nach dem Basisrezept (S. 37) zubereitet werden.

Kalbsnierenpovesen

Im Unterschied zu anderen Povesen-Rezepten, wie sie bei den Pasteten beschrieben sind (vgl. S. 65), verlangt dieses nicht, die Fülle zwischen zwei Brotschnitten zu streichen, sondern die Fülle wird auf eine Brotscheibe gestrichen und diese dann in der geschlossenen Auflaufform ausgebacken:

Povesen von Kälbernieren zu machen. Wenn der Braten gebraten ist, so schneidet die Nieren mit dem Fett heraus, nimm das Gelbe von Eiern, ein Dotter oder zwei, und ein wenig Zimt und gestoßenen Zucker dazu und kleingeschnittene, grüne Petersilie. Und tu kein Salz hinein, denn es ist zuvor gesalzen mit dem Braten. Nimm das alles und hack es klein, bis es kalt wird, dann wird es dick werden. Und wenn es kalt ist, röste einige Scheiben von einem Brötchen, und röste es nur auf der einen Seite. Und auf die Seite, die du geröstet hast, streich die Kälbernieren; und wenn du es darauf gestrichen hast, so nimm eine Pfanne, tu reine Butter hinein und laß sie auf dem Feuer schmelzen, aber laß es nicht zu warm werden. Und tu die Scheiben da hinein und setz es auf einen heißen Ofen und deck es mit einem Deckel zu, schütte glühende Kohlen darauf und laß es unter dem Deckel backen. Und verbrenn es nicht; nimm oben mehr Hitze als unten, so backt es schnell. Und schau unter den Deckel, daß du es nicht verbrennst, so bleibt es ganz beieinander. Und man nennt es Povesen. Es ist auch ein herrliches Essen für König und Kaiser; und tu nichts mehr dazu, als was hier beschrieben ist. Und wenn du es anrichtest, so bestreu es mit Ingwer oder gestoßenem Zucker; wenn du es süß machst, so bestreu es mit Zucker; wenn du es nicht süß machst, so bestreu es mit Ingwer; so ist es auf beide Weisen gut.

Für 4 Personen

4	Scheiben Weiß- oder Toastbrot	150 g	Butter	2	Eier
500 g	Kalbsnieren	1	Zwiebel		Salz, Pfeffer
	etwas Nierenfett	½ Bd	Petersilie		Zimt

Zubereitung: Die Nieren wässern, mit kochendem Wasser begießen, abtropfen lassen und in feine Scheibchen schneiden. Die Zwiebel schälen und in feine Würfel schneiden; in einer großen Pfanne mit etwas Butter glasig dünsten. Etwa 50–60 g Butter hinzufügen und die Nierenscheiben in 4–6 Minuten braten, aber nicht hart werden lassen. Nieren und Zwiebeln in eine Schüssel geben. Petersilie fein hacken, zusammen mit Salz, Pfeffer und Zimt zu den Nierenscheibchen geben und mit den Eiern vermischen. Das Weißbrot auf einer Seite toasten; auf der getoasteten Seite mit den Nieren bestreichen. Die restliche Butter in einer großen Pfanne schmelzen lassen; das Brot hineingeben und mit einem Deckel möglichst luftdicht verschließen. Bei mittlerer Hitze etwa 10–15 Minuten stocken lassen.

Pasteten, Tartes und Teigwaren

DIE FÜRSTLICHE KÜCHE ALEXANDERS D. GR.

Dreihundert Schenken
beschäftigte er (Alexander) jeden Tag.
Es wäre kaum glaublich,
das jemandem zu erzählen,
wenn es uns nicht wahrhaftig
in den Büchern aufgeschrieben wäre,
sondern wiche von der Wahrheit ab.
Auch hatte er auf seinem Tisch
so unermeßlich viel
Fleisch und Fisch zur Verfügung,
daß man es nicht glauben will;
aber er war ein mächtiger und reicher Herr.
Auch verfügte er täglich
über dreißig Malter Semmeln.
Damit versorgte ihn der himmlische Gott.
In seine Küche lieferte man auch
– ohne daß man einen Tag ausgelassen hätte –
zehn gemästete Rinder von der Sommerweide,
feist und groß,
und dazu ungefähr
dreißig weitere Rinder
und ferner hundert Widder.
Ausreichend Vögel und Wildbret
standen ihm ebenfalls durch Abgabenpflicht zu.
Der Herr hatte seinen Haushalt
klug eingerichtet,
denn er wußte genau,
daß man ihm dies alles
freundlich und in gütiger Übereinkunft
ohne Diebstahl und Zwang beschaffen mußte,
so daß es ihm an nichts mangelte.

Pfaffe Lamprecht, «Alexander»

Fischpastete

Von Pasteten

Willst du eine Pastete von Fischen machen, so schuppe die Fische und zieh ihnen die Haut ab, nachdem sie gekocht sind, und schneid sie in kleine Stücke. Hack Petersilie und Salbei und füg sie hinzu und tu Pfeffer und Ingwer, Zimt und Safran hinzu. Schmeck alles mit Wein ab und mach einen dünnen, festen Teig und tu die Fische da hinein und gieß den Wein darauf und schlag das ganz ein und mach oben ein Loch hinein und leg davor einen Verschluß aus Teig und laß es backen. So kann man auch Hühner und Fleisch oder Wildbret oder Aale oder Vögel machen.

FÜR 4 PERSONEN

Teig

250 g	Mehl
2	Eier
25 g	Schweineschmalz (oder Butter oder Margarine)
2–3 EL	Wasser
1	Prise Salz
1	Eigelb zum Bepinseln

Fülle

650 g	Fischfilet (z. B. Rotbarsch, Seelachs, Kabeljau)
1 Bd	Petersilie
einige	Blätter Salbei
	Salz, Pfeffer
	Zimt
2 St	Ingwer (je ca. 1 cm)
	Safran

Für den Sud:

1 Stiel	Petersilie
1	Sellerieblatt
½	Möhre
	Salz, Pfeffer
¼ l	trockener Weißwein

ZUBEREITUNG: Einen Pastetenteig nach den Anweisungen im Basisrezept (S. 38) herstellen, 1–2 Stunden kühl ruhen lassen.

Inzwischen das Fischfilet salzen, mit Petersilien- und Sellerieblatt und der in Streifen geschnittenen Möhre in Weißwein 15 Minuten dünsten, den Fisch herausnehmen (er soll noch fest sein), die Kräuter entfernen, den Sud aufbewahren. Den Fisch in kleine Würfel schneiden. Petersilie, Salbei und Ingwer fein hacken. Die Fischwürfel mit den Kräutern, Pfeffer, Zimt und Safran vermischen.

Den Backofen auf 200° vorheizen. Den Teig dünn ausrollen, in eine gefettete Pastetenform legen, so daß der Teig an einer Seite über den Rand hängt. Den gewürzten Fisch einfüllen, ca. 4–6 EL Fischsud dazugeben. Den überhängenden Teig als Deckel über die Fülle legen, an den Rändern anfeuchten und festdrücken. In der Mitte ein Loch hineinschneiden, damit der Dampf beim Backen entweichen kann. Aus überflüssigem Teig einen kleinen Fisch formen, von der Unterseite anfeuchten und auf die Pastete kleben. Die Pastete mit Eigelb bepinseln. In den vorgeheizten Backofen geben (Rost auf der 2. Schiebeleiste von unten) und ca. 30 Minuten goldbraun backen.

Tip: Wie im Rezept angegeben, kann man die Pastete anstatt mit Fisch auch mit Geflügel, Schweine- oder Rindfleisch oder mit Wildbret füllen. Man gart das Fleisch in Hühner- bzw. Rinderbrühe, würzt es nach Geschmack kräftig, Hühnerfleisch z. B. mit 1 Lorbeerblatt, gemahlenen Senfkörnern, wenig Nelkenpulver, weißem Pfeffer und Salz; Rindfleisch mit Petersilie, Zwiebeln, Fenchelsamen, Liebstöckel, Rosinen, schwarzem Pfeffer und Salz; Wildbret mit gemahlenen Wacholderbeeren, Fenchelsamen, Kümmel, Sellerieblättern, schwarzem Pfeffer und Salz.

Etwas anders gewürzt, nämlich mit Salbei, Ingwer, Kümmel und Safran, ist eine Hechtpastete, die das *Kochbuch aus dem Wiener Dorotheen-Kloster* überliefert. Im Unterschied zum vorhergehenden Rezept wird hier der Fisch roh in die Pastete gefüllt; der Wein mit den Kräutern trägt dazu bei, daß der Fisch während des Backens nicht austrocknet.

Hühnerpastete / Taubenpastete

Willst du eine Pastete machen, so nimm einen ausgerollten Teig und mach daraus eine Pastetenform und schlag eine Taube oder ein junges Huhn roh in kleine Stücke und schneide den Speck in Würfel und leg es dann in die Form und würz es gut und leg ein anderes Stück Eierteig darüber und back es in einem Ofen.

FÜR 4 PERSONEN

Teig

250 g	Mehl
2	Eier
25 g	Schweineschmalz (oder Butter oder Margarine)
2–3 EL	Wasser
1	Prise Salz
	Fett für die Form
1	Eigelb zum Bepinseln

Fülle

1	Poularde oder 3–4 Tauben
150 g	durchwachsener Speck
¼ l	Hühnerbrühe
1	Möhre
1	Sellerieblatt
	Muskatblüte
	Ingwer
	Pfeffer
	Salz

ZUBEREITUNG: Aus den Zutaten für den Teig nach den Anweisungen im Basisrezept (S. 38) einen festen Pastetenteig herstellen, 1–2 Stunden kühl ruhen lassen.

Poularde (oder Tauben) entbeinen, das Fleisch kleinschneiden. Den durchwachsenen Speck würfeln, auslassen, das Hühner- oder Taubenfleisch darin anbraten. Mit Hühnerbrühe ablöschen, geputzte Möhre und Sellerieblatt hinzufügen und alles ca. 20 Minuten garen. Das Fleisch und den Speck aus der Brühe nehmen, die Brühe aufbewahren.

Teig dünn ausrollen, in eine gefettete Pastetenform füllen, so daß der Teig an einer Seite über die Form hängt. Das Hühner- bzw. Taubenfleisch und den Speck mit Muskatblüte, Ingwer, Pfeffer und Salz kräftig abschmecken, in die Pastete füllen und ca. ⅛ l Brühe auffüllen. Den überhängenden Teig als Deckel über die Fülle klappen, die Ränder befeuchten und festkleben. In der Mitte ein Loch hineinschneiden, damit der Dampf beim Backen entweichen kann. Aus überflüssigem Teig kleine Figuren formen, von der Unterseite anfeuchten und auf die Pastete kleben. Die Pastete mit Eigelb bepinseln. In den vorgeheizten Backofen geben (Rost auf der 2. Schiebeleiste von unten) und ca. 30 Minuten goldbraun backen.

Gefüllte Semmel (mit Vögeln und Äpfeln)

Eine gefüllte Semmel mit Vögeln. Nimm kleine Vögel und brate die in Fett an und würze sie mit Safran; und hack Äpfel klein und brate die auch in Fett und würz sie mit Safran und Ingwer. Nimm Semmeln und mach die hohl und nimm das Weiche heraus, und tu Weinbeeren unter die Äpfel und gib ein wenig fette Brühe darunter, und nimm guten Wein und leg die Vögel und die Äpfel in diese Brühe. Und tu dies in die Semmeln und verschließ die Semmeln gut. Mach einen Straubenteig und zieh die Semmeln dadurch und back sie dann in Fett. Und mach eine gute Brühe mit Lebkuchen und Wein und ein wenig Honig und gut verlesenen Weinbeeren und laß das sieden, und würz es mit Safran und Ingwer. Wenn du die Semmeln zubereitet hast, so gieß die Brühe oben drüber und servier sie heiß.

Für 4 Personen

Teig		*Fülle*		30 g	Butter
90 g	Mehl	4	Brötchen	40 g	Rosinen
75 cl	Weißwein	3	Wachteln	⅛ l	Fleischbrühe
2 EL	Öl	1	säuerlicher Apfel	⅛ l	Weißwein
1	Eigelb	8	dünne Scheiben	1–2	Lebkuchen
1	Eiklar		durchwachsener Speck	2 EL	Honig
1	Prise Salz	30 g	durchwachsener Speck,		Pfeffer, Salz, Safran
Fett zum Ausbacken			gewürfelt	1 St	Ingwer

Zubereitung: Zunächst die Brötchen aushöhlen. Dann die Wachteln waschen, trockentupfen, pfeffern und salzen und mit Speck umwickeln, in der heißen Butter bei mittlerer Hitze von allen Seiten braten (ca. 30–35 Minuten). Den Apfel schälen, vom Kerngehäuse befreien, vierteln und in feine Stücke schneiden, kurz bevor die Wachteln gar sind, in der Pfanne mitschmoren (ca. 5–7 Minuten). 30 g Rosinen und die Speckwürfel ebenfalls ca. 5–7 Minuten in die Pfanne geben. Wenn die Wachteln gar sind, die Pfanne vom Feuer nehmen, die Wachteln herausnehmen, den Speck abnehmen, das Wachtelfleisch von den Knochen lösen, mit Salz, Pfeffer, Safran, fein gewürfeltem Ingwer und den ausgelassenen Speckwürfeln kräftig abschmecken. Die ausgehöhlten Brötchen mit der Mischung füllen.

In derselben Pfanne die Fleischbrühe, den Wein, den zerbröselten Lebkuchen und den Honig erhitzen; die Flüssigkeit auf die Hälfte reduzieren, durch ein Sieb passieren, die restlichen Rosinen hinzufügen, mit Safran und Ingwer kräftig abschmecken.

Aus den angegebenen Zutaten einen Straubenteig nach der Anweisung im Basisrezept (S. 35) herstellen. Die Brötchen durch den Teig ziehen, im heißen Fett ausbacken und sofort mit der Sauce servieren.

Rindfleischpastete

Willst du eine gute Pastete mit Rindfleisch machen, so schneide mageres Rindfleisch klein, und zwar ein Drittel Unschlitt (Rindertalg) und zwei Drittel Fleisch. Und nimm darunter Vögel und Tauben oder Hühner und misch das Fleisch durcheinander und schmeck es gut ab mit Gewürzen. Und mach die Pastetenformen aus Roggenmehl wohl in heißem Wasser an und tu dann die Füllung in die Pastetenformen und mach Teigdeckel dafür; stich Löcher darein, und schieb es dann in den Ofen und laß es gar backen. So kannst du sie (= die Pasteten) auch von guten Fischen machen. Hast du kein Rinderfett, so nimm Butter stattdessen und schneide die Fische in viel größere Stücke als das Rindfleisch, und versalz es nicht.

Für 4 Personen

Teig		*Fülle*			
250 g	Roggenmehl	300 g	Rindergulasch	¼ TL	Fenchelsamen
2	Eier	100 g	Rindertalg	¼ TL	gemahlener Kümmel
25 g	Schweineschmalz (oder Butter oder Margarine)	200 g	Hähnchenbrustfilet	1 Bd	Petersilie
2–3 EL	Wasser	1	Zwiebel	½ Bd	frischer Koriander
1	Prise Salz	1	Prise Pfeffer	1–2	Eier
			Salz		

Zubereitung: Aus Roggenmehl, Eiern, zerlassenem Schmalz, Wasser und Salz nach den Anweisungen im Basisrezept (S. 38) einen Pastetenteig herstellen, 1–2 Stunden kühl ruhen lassen.

Das fein geschnittene Gulasch in schwach gesalzenem Wasser etwa eine Stunde kochen. Nach 40 Minuten das grob gewürfelte Hähnchenbrustfilet hinzugeben. Unterdessen die Zwiebel schälen und würfeln, den Koriander fein hacken. Den Backofen auf 200° vorheizen. Das gekochte Gulasch und Hähnchenfleisch mit Zwiebelwürfeln und den Gewürzen vermischen, mit Salz und Pfeffer kräftig abschmecken. Die Eier hinzufügen und alles gut miteinander vermengen.

Zwei Drittel des Teigs auf einer bemehlten Arbeitsfläche dünn ausrollen, als Boden in eine gefettete Springform (24 cm ∅) legen; dabei die Ränder hochdrücken. Die Füllung daraufgeben und die Ränder des Teigs anfeuchten; das letzte Teigdrittel als Deckel ausrollen und auf die Füllung und die Teigränder setzen und an den Rändern etwas andrücken. Zwei Löcher in den Deckel schneiden, damit der Backdampf entweichen kann. Den Deckel mit etwas Wasser bestreichen und auf der 2. Schiebeleiste von unten in den vorgeheizten Backofen geben und ca. 1 Stunde backen. Zwischendurch ein- bis zweimal mit Wasser bepinseln.

Heidnische Kuchen (mit Fleisch, Speck, Äpfeln)

DER NAME FÜR dieses Gericht gibt Rätsel auf. Müller/Jourdan meinen, daß er sich vom Buchweizen herleite, der auch Heidenkorn genannt wird. Doch kam der Buchweizen erst im 15. Jahrhundert aus Asien nach Deutschland. Es ist daher wahrscheinlicher, daß mit dem Namen die orientalische oder wenigstens fremdländische Herkunft des Gerichts bezeichnet werden sollte. Der Heidnische Kuchen eignet sich auch zur Reste-Verwertung.

Diese heißen heidnische Kuchen. Man soll einen Teig nehmen und soll den dünn ausbreiten. Und nimm gekochtes Fleisch und gehackten Speck und Äpfel und Pfeffer und Eier hinein. Und back das und servier es und verschandel es nicht.

FÜR 4 PERSONEN ALS HAUPTGERICHT

Teig

250 g	Mehl
2	Eier
25 g	Schweineschmalz (oder Butter oder Margarine)
2–3 EL	Wasser
1	Prise Salz

Fülle

500 g	Schweine- oder Rindergulasch (roh oder gegart)
100 g	durchwachsener Speck
1	großer säuerlicher Apfel
1	Zwiebel
1–2	Knoblauchzehen
	Pfeffer, Salz, Fenchelsamen, gemahlener Kümmel, Liebstöckel
1–2	Eier
1	Eigelb zum Bestreichen

ZUBEREITUNG: Einen Pastetenteig nach den Anweisungen im Basisrezept (S. 38) herstellen, 1–2 Stunden kühl ruhen lassen.

Unterdessen Zwiebel schälen und würfeln. Apfel schälen, vom Kerngehäuse befreien, fein würfeln. Das Gulasch etwa 1 Stunde in schwach gesalzenem Wasser kochen. Dann zusammen mit dem durchwachsenen Speck, den Zwiebeln und den Apfelwürfeln durch den Fleischwolf drehen (oder im Mixer zerkleinern), Ei(er) hinzufügen, eine Farce zubereiten und mit Pfeffer, Salz, Knoblauch, Fenchelsamen, gemahlenem Kümmel und Liebstöckel kräftig abschmecken.

Backofen auf 200° vorheizen. Den Teig dünn ausrollen, die Farce als Rolle darauflegen. Die Kanten des Teigs anfeuchten und umschlagen. Mit Eigelb bestreichen und mit einer Nadel mehrfach anstechen, damit der Backdampf entweichen kann. Auf einem Backblech in den vorgeheizten Backofen geben (2. Schiebeleiste von unten) und ca. 1 Stunde goldbraun backen.

Fleischfladen mit Walnüssen, Speck, Eiern, Hühnerfleisch

Ein Fladen mit Fleisch

Willst du einen Fladen mit Bauchfleisch machen, so koch es gar und hack es klein und misch geviertelte Walnüsse darunter und würz es ausreichend. Und tu Speck darein und Eier und tu es auf einen großen Teigboden. Setzt fünf schöne Pastetchen mit Hühnern darauf, eines in die Mitte, vier an den Ecken so wie bei der Fünf auf dem Würfel. Und back es und servier es.

FÜR 4 PERSONEN

Teig

375 g	Mehl
3	Eier
40 g	Schweineschmalz (oder Butter oder Margarine)
4–6 EL	Wasser
1	Prise Salz
	Fett für die Form
	Erbsen oder Linsen zum Blindbacken
1	Eigelb zum Bepinseln

Fülle

300 g	Schweineschulter oder Hochrippe
100 g	Walnüsse
100 g	durchwachsener Speck
1 Bd	Suppenkraut
1	Ei
1	Eiklar
	Salz, Pfeffer
½ Bd	Petersilie
1 TL	gehacktes Selleriekraut

Für die Pastetchen

175 g	Hähnchenbrustfilet
¼ l	Mandelmilch
1 TL	Amaretto (oder einige Tropfen Mandelaroma)
	Salz, weißer Pfeffer
	Zucker

ZUBEREITUNG: Aus den angegebenen Zutaten einen Pastetenteig nach den Anweisungen im Basisrezept (S. 38) herstellen. 2 Stunden kühl ruhen lassen. Schweinefleisch mit dem Suppenkraut in ca. 1 l Wasser gar kochen (etwa 1 Stunde) und von den Knochen lösen, kleinhacken. Speck in feine Würfel schneiden, Walnüsse grob hacken. Fleisch, Speck, Walnüsse, Ei, Eiklar und Gewürze zu einem Teig vermengen. Beiseite stellen.

Mandelmilch nach der Anweisung im Basisrezept (S. 33) herstellen, Hähnchenbrustfilet fein würfeln und 20 Minuten darin gar ziehen lassen. Die Mandelmilch mit Salz, weißem Pfeffer, Amaretto bzw. Mandelaroma und Zucker abschmecken, warmstellen.

Unterdessen aus ⅖ des Pastetenteigs einen dünnen Boden und den Deckel für die große Pastete ausrollen. In eine gefettete Springform (∅ 24 cm) legen; Backtrennpapier auf den Boden geben. Mit Erbsen oder Linsen zum Blindbacken belegen. Weitere ⅖ des Teigs ebenfalls dünn ausrollen, den Teig in gefettete Brioche-Förmchen legen, mit Erbsen oder Linsen zum Blindbacken füllen und zusammen mit der großen Pastetenform in den vorgeheizten Ofen (200°) setzen. Die große Pastetenform nach 10–12 Minuten herausnehmen, die kleinen Förmchen noch 5–10 Minuten weiterbacken.

Die Erbsen (Linsen) aus der großen Pastete entfernen. Die Fleischmischung auf dem Boden verteilen. Aus dem restlichen Fünftel des Pastetenteigs einen Deckel formen, an den Rändern anfeuchten und die Tarte damit bedecken. Mit Eigelb bepinseln, mit einer Gabel einstechen, damit der Dampf während des Backens entweichen kann. Die Tarte auf der 2. Schiebeleiste von unten wieder in den vorgeheizten Ofen (200°) schieben und 15–20 Minuten backen.

Wenn die große Torte gar ist, die kleinen Pastetenförmchen mit der Hühner-Mandelmilch (= Blancmanger) füllen und die große Fleischpastete damit einrahmen. Alles sofort servieren.

Wildpastete

Eine heiße Wildbretpastete von Hirsch- oder Rehfleisch

Wenn die Pastete aus Roggenmehl ist, so nimm das Wildbret und überbrüh es kurz; schneid zwei Schnitze hinein, wasch es drei oder viermal mit frischem Wasser. Und nimm Ochsenfleisch, hack es sehr fein und gib ein wenig Speck darunter und eine Handvoll Majoran. Salz es und würz es mit Ingwer, Pfeffer und anderem Gewürz, bespreng es ein wenig mit Essig. Achte darauf, daß sich kein Knochen in die Pastete verirrt. Du kannst auch gut Limonen dazu nehmen. Und laß es drei Stunden backen. Servier es warm.

FÜR 4 PERSONEN

Für den Teig

250 g Mehl
2 Eier
250 g Schweineschmalz (oder Butter oder Margarine)
2–3 EL Wasser
1 Prise Salz
1 Eigelb
Fett für die Form

Für die Fülle

250 g Hirsch- oder Wildfleisch
250 g Rindergehacktes
100 g durchwachsener Speck
½ TL Majoran
2 St Ingwer (à 2 cm)
1 Prise Thymian
1 Prise Rosmarin
gemahlene Wacholderbeeren
Salz
schwarzer Pfeffer
ev. 1 Limone
⅛ l Wild- oder Rinderbrühe

ZUBEREITUNG: Aus den angegebenen Zutaten einen Pastetenteig nach der Anweisung im Basisrezept (S. 38) zubereiten. 1–2 Stunden kühl ruhen lassen.

Inzwischen das Wildfleisch überbrühen und danach gründlich abwaschen, klein schneiden. Den durchwachsenen Speck würfeln, mit dem Rindergehackten und dem kleingeschnittenen Wildfleisch vermischen. Alles kräftig mit Majoran, Thymian, Rosmarin, geriebenem Ingwer, gemahlenen Wacholderbeeren, schwarzem Pfeffer und Salz abschmecken. Die Limone großzügig schälen, so daß auch die weiße Haut entfernt wird; in feine Stücke schneiden, zu dem Fleisch hinzufügen.

Den Backofen auf 200° vorheizen. Den Teig dünn ausrollen, in eine gefettete Springform (26 cm ∅) legen; einen Teil des Teigs für den Deckel zurückbehalten. Das Fleischgemisch auf den Boden geben, eine Tasse Wild- oder Rinderbrühe angießen. Den Teigdeckel darauf legen, die Ränder befeuchten und miteinander verkleben. Eventuell aus Teigresten Blätter formen und auf den Deckel kleben. Zwei Löcher in den Deckel schneiden, damit der Backdampf abziehen kann. Den Deckel mit Eigelb bepinseln. In den vorgeheizten Backofen geben (Rost auf der 2. Schiebeleiste von unten) und bei 200° in ca. 30 Minuten goldbraun backen.

Kräutertorte

Eine Kräutertorte zu machen

Nehmt Spinat, überbrüht ihn und hackt ihn, reibt Parmesankäse und tut ihn darunter, etwas Pfeffer, kleine Weinbeeren, etwas zerlassene Butter (tut) auch darunter. Salzt es und backt es und macht eine Torte daraus, wie man die gedeckten Torten zu machen pflegt.

FÜR 4 PERSONEN

Teig		*Fülle*		*Guß*	
250 g	Mehl	500 g	Spinat	4	Eier
2	Eier	100 g	Parmesan	¼ l	Sahne
25 g	Schmalz	100 g	Rosinen		Salz
2–3 EL	Wasser		Salz		Pfeffer
	Erbsen zum Blindbacken		Pfeffer		Muskatnuß
		100 g	zerlassene Butter		

ZUBEREITUNG: Aus den Zutaten für den Teig nach den Anweisungen im Basisrezept (S. 38) einen Pastetenteig herstellen und 1 bis 2 Stunden kühl ruhen lassen. Frischen Spinat gut waschen, mit kochendem Wasser überbrühen und abtropfen lassen. Die Rosinen in Butter andünsten, den Spinat zufügen, abschmecken und mit dem Parmesan vermischen. Den Teig ausrollen, in eine Springform (26 cm ∅) geben und einen 2 cm hohen Rand stehen lassen. Mit Backpapier und Erbsen zum Blindbacken belegen. Ofen auf 200° vorheizen, Teig 7–10 Minuten vorbacken. Erbsen herunternehmen, den Spinat darauf verteilen und für 10 Minuten in den 200° heißen Ofen geben. Danach den Ei-Sahne-Guß darüber geben und fertig backen (10 bis 15 Minuten).

Ravioli

Nehmt Spinat und überbrüht ihn, als ob ihr Spinatgemüse machen wolltet, und hackt ihn klein; nehmt ungefähr eine Handvoll, wenn er gehackt ist, und Käse oder Brät von einem Huhn oder einem Kapaun, gekocht oder gebraten. Nehmt vom Käse zweimal soviel wie von dem Kraut und von dem Brät auch soviel. Und schlagt zwei oder drei Eier da hinein. Und macht einen schönen Teig, tut Salz und Pfeffer hinein, und macht einen Teig mit Weizenmehl, als ob ihr eine Torte machen wolltet. Und wenn ihr den Teigboden gemacht habt, so tut ein kleines Häufchen Füllung an den Rand des Teigs und formt ihn zu einem Krapfen und drückt ihn an den Rändern gut zusammen. Und legt ihn in eine Fleischbrühe und laßt ihn ungefähr solange kochen wie weiche Eier. Das Brät soll klein gehackt sein und der Käse feingerieben.

FÜR 4 PERSONEN

Teig		*Fülle*			
500 g	Mehl	250 g	Blattspinat	1 Prise	Muskat
4	Eier	250 g	Hähnchenbrustfilet	1	Ei
1	Prise Salz	½ Bd	Petersilie		
2 EL	Wasser	2	Schalotten		
2	Eiklar	100 g	geriebener Käse		
1 l	Brühe		Salz		
50 g	geriebener Parmesan		Pfeffer		

ZUBEREITUNG: Aus den Zutaten für den Teig einen geschmeidigen Nudelteig kneten; das dauert ungefähr 10–12 Minuten. Den Teig in vier Partien teilen und etwa 30 Minuten kühl ruhen lassen.

Inzwischen den Spinat blanchieren, das Hähnchenbrustfilet durch die feinste Scheibe des Fleischwolfs drehen; die Petersilie hacken, die Schalotten schälen und hacken und beides mit dem Hähnchenbrät und dem geriebenen Käse vermischen. Mit Salz, Pfeffer und Muskat kräftig würzen.

Die Teigpartien auf einer bemehlten Arbeitsplatte dünn ausrollen oder ausziehen, einige Minuten antrocknen lassen. Spinat und Brätmasse auf zwei der Teigplatten in kleinen Häufchen mit ca. 3 cm Zwischenraum verteilen. Die Zwischenräume mit Eiweiß bepinseln. Die anderen Teigplatten darüber decken und die Zwischenräume festdrücken. Mit einem Messer oder einem Küchenrädchen in einzelne Teigtaschen abteilen; die Ränder nochmals andrücken.

Die Brühe aufkochen, herunterschalten und die Ravioli bei schwacher Hitze in 3–4 Minuten gar ziehen lassen. Mit etwas geriebenem Parmesan bestreut servieren.

Fisch

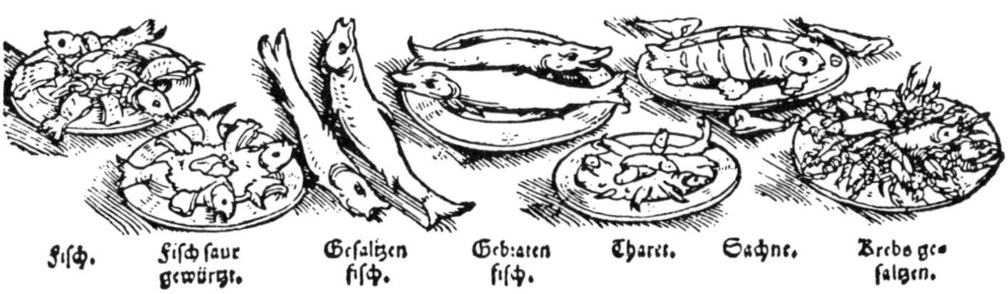
Fisch.
Fisch saur gewürtzt.
Gesaltzen fisch.
Gebraten fisch.
Charet.
Sachne.
Krebs gesalzen.

DER ASKETISCHE MARKGRAF WILLEHALM

Der Hausherr hatte angeordnet,
daß eine Menge guter, frischer Speisen
gebraten und gekocht würden,
sowohl Fisch als auch Fleisch,
Wildbret und Fleisch von Schlachttieren.
...
Mit Geschmack wurde
eine kleine Tafel aufgestellt,
und für den Markgrafen (= Willehalm) allein hergerichtet.
Als er seine Hände gewaschen hatte,
trug ihm der Hausherr mit Kultur
und nach bester Kaufmannssitte
mehrere Gänge
mit Gebratenem und Gekochtem auf.
Jeder Bedürftige, der so bedacht worden wäre,
hätte sich darüber gefreut.
Solche Getränke
hätten auch dem Kaiser angeboten werden können.
Den Genuß all dessen wollte sich der Markgraf
nicht gönnen. Das hatte er gelobt
und hätte an seinem Verstand gezweifelt,
wenn er nun mehr als Brot gegessen
und Wasser getrunken hätte. Wollte er doch Entbehrung
leiden, bis ihm der Allmächtige
in Orange ein liebes Pfand ausgelöst hätte.
Ein gebratener Pfau stand vor ihm
mit der besten Sauce,
die der Hausherr zu bereiten verstand.
Kapaun, Fasan,
Lampreten in Gelee
und Rebhühner ließ er liegen.

Wolfram von Eschenbach, «Willehalm»

Gebratene, gekräuterte Aale

Von frischen Aalen

Nimm frische Aale und wasch ihnen mit kalter Asche den Schleim ab, löse ihnen die Haut ab, vom Kopf bis zum Schwanz. Hacke Salbei und Petersilie und tu gestoßenen Ingwer, Pfeffer, Anis und Salz in Maßen dazu. Tu das auf die Aale und zieh die Haut wieder darüber. Salze sie außen und brat sie auf einem hölzernen Rost gar und servier sie.

Für 4 Personen

2 grüne Aale (à 300 g)
Salbei
Petersilie
Ingwer
Pfeffer
Anis
Salz
Alufolie

Zubereitung: Die Aale gut waschen, ausnehmen. Zum Abziehen der Aale die Hände mit Salz einreiben und ein Küchenhandtuch bereitlegen. Von der Bauchseite her den Kopf von der Gräte trennen, ohne die Rückenhaut zu verletzen. Nun an der Schnittstelle mit einem scharfen Messer die Rückenhaut etwas vom Rumpf lösen. Das freigelegte Rumpfstück mit einem Tuch festhalten und mit der anderen Hand den Kopf und den Hautansatz umfassen und die Haut vorsichtig vom Rumpf abziehen, dabei die Haut jeweils nachfassen, je weiter sie abgezogen ist. Läßt sie sich schwer lösen, gegebenenfalls die Haut an der Bauchseite mit einem scharfen Messer leicht abheben. Am Schwanz soll die Haut mit dem Rumpf verbunden bleiben.

Salbei und Petersilie fein hacken, Ingwer reiben oder sehr fein würfeln, alles mit wenig Anis und mit Pfeffer und Salz vermischen, auf die leicht gesalzene Innenseite der Aalhaut streichen, das Aalfleisch wieder auf die Haut legen und vorsichtig andrücken. Die Aale in Alufolie wickeln und im vorgeheizten Backofen 10 Minuten backen. Dann aus der Alufolie nehmen und auf den Grill legen und weitere 5–10 Minuten braten.

Aal in Weinsud

Willst du einen eingelegten Aal machen, so nimm einen Aal, zieh ihm die Haut ab, reib die Hände mit Salz ein, dann geht es besser. Danach schneid ihn in Stücke, entferne die Adern säuberlich und leg ihn in frisches Wasser. Laß ihn eine gute Weile darin liegen und salze das Wasser. Danach nimm ihn heraus, wasch ihn mit frischem Wasser sauber. Dann nimm ein guten Wein, tu den Fisch hinein, nimm viel Wein, denn er bedarf dessen wohl zum Kochen, und wenn er halb gar ist, dann tu Safran, Ingwer, Zimt, Zucker und wenig Nelken dazu und laß noch einmal aufwallen, daß er gut gar werde. Richte ihn danach in der Brühe an.

FÜR 5–6 PERSONEN

600 g	(grüner) Aal
¼ l	trockener Weißwein (bzw. soviel, daß der Aal bedeckt ist)
	Salz
½	Port. Safran
2 St	Ingwer (je ca. 1 cm; frisch oder getrocknet)
2	Zimtstücke (je ca. 1–2 cm)
1–2	Nelken
1½	gehäufte EL Zucker

ZUBEREITUNG: Den Aal häuten, dazu die Haut mit Salz einreiben, dann geht es leichter. Ausnehmen, in Stücke schneiden, in frischem Wasser eine Weile wässern, dann das Wasser salzen, abgießen. Mit neuem Wasser nochmals waschen. Den Aal in Wein simmern lassen, nach ca. 15 Minuten mit Safran, Ingwer, Zimt, wenig (!) Nelken und Zucker würzen. Nochmals 10 bis 15 Minuten simmern lassen. Wenn der Aal gar ist, im Sud servieren.

«Trij» ist das arabische Wort für Teigwaren und weist damit schon auf die Herkunft des «Tacuinum sanitatis» («Tacuinum» ist eine latinisierte Form des arabischen Wortes taqwim *= tabellarische Übersicht; die Aussagen waren ursprünglich tabellarisch angeordnet) aus der arabischen Medizin, aus der die Beschreibung der Primärqualitäten, des Nutzens und Schadens und Ratschläge für die vorteilhafte Anwendung von Lebensmitteln in die mittelalterliche europäische Medizin gelangte. Die mit zahlreichen Abkürzungen versehene Bildunterschrift lautet übersetzt: Complexion: warm und feucht im 2. Grad. Vorzuziehen: vollständig ausgearbeitete. Nutzen: Sie sind gut für Brust und Kehle. Schädlich: Sie sind schädlich für schwache Eingeweide und Magen. Verhütung des Schadens: mit Gerstenzucker. Was sie erzeugen: sehr viel Nährstoff. Zuträglich für warmen Magen, für Jugendliche, im Winter, in allen Gegenden.*

Try.
Try. cplo. ca. ɿ hu. in 2°. Electio cplete opati. uuiani. ɔfert pectori. ɿ gutturi. Nocumentum. nocet debi
libus visceribus ɿ sto. Remo nocti cu pdiȝs. Quid gnat nutrimentu plu. Conuenit sto. ca. iuuen
tuti. hyeme. omnibus regionibus.

Gefüllter Hecht

Von gefüllten Hechten

Gefüllte Hechte soll man so machen: Man nehme passende Hechte und schuppe sie und löse ihnen den Darm bis zu den Kiemen heraus. Nimm Fische, gleich welcher Art, koch sie und nimm die Gräten heraus, zerstoß das Fleisch im Mörser, füg gehackten Salbei, Pfeffer, Kümmel und Safranpulver hinzu, salz es mäßig. Damit fülle man die Hechte und bestreu sie außen mit Salz. Brate sie auf einem hölzernen Rost schön gar.

Für 6 Personen

1	Hecht (ca. 2 kg mit Kopf)	1	Portion Safran
400 (800) g	(Süßwasser-)Fischfilet		weißer Pfeffer
	(Waller, Forelle oder Lachs)		Salz
1 l	Courtbouillon oder Fischfond	2 EL	crème épaisse
	(Fertigprodukt oder selbst zuberei-	2	Eier
	tet, siehe Basisrezept S. 40)	1 Scheibe	Weißbrot
1	Bouquet garni (Petersilie,	1 EL	Weizenmehl (Typ 405)
	½ Lorbeerblatt, 1 Zweig Thymian,		hölzerne Zahnstocher,
	1 Sellerieblatt, 2 Porreeblätter)		Rouladenspießchen
8	Blätter Salbei		oder Garn zum Zunähen
¼ TL	gemahlener Kümmel	20 g	Schmalz zum Begießen

Zubereitung: Es gibt zwei Möglichkeiten, den Hecht zu füllen. Entweder man nimmt ihn von der Bauchseite her aus und füllt die so entstandene Tasche; dann braucht man etwa 400–500 g Fischfilet. Oder man schneidet die Gräte von der Rückenseite her heraus, ohne die Bauchseite zu verletzen, nimmt den Fisch von hierher aus und füllt die so entstandene (größere) Tasche. Bei einem Hecht von ca. 2 kg braucht man dann ca. 800 g Fischfilet.

Den Hecht waschen, schuppen und ausnehmen. Das Fischfilet in Fischfond mit dem Bouquet garni zum Kochen bringen, gut 10 Minuten ziehenlassen, herausnehmen, den Sud aufbewahren. Den Backofen auf 185° vorheizen. Das fast gare Fischfilet mit einer Gabel zerpflücken, eventuell im Mixer pürieren, dann mit gehackten Salbeiblättern, Kümmel, Safran, weißem Pfeffer und Salz vermischen und herzhaft abschmecken. Eventuell mit 1–2 Eßlöffeln vom Sud geschmeidiger machen; die crème épaisse, die Eier, die fein zerbröselte Weißbrotscheibe und das Mehl hinzufügen und alles gut durcharbeiten. Den Hecht innen und außen krätig salzen, die Fischfülle hineingeben, zunähen oder mit Zahnstochern oder Rouladenspießchen zustekken, mit aufgelöstem Schmalz beträufeln. Den Hecht möglichst aufrecht auf das über die Saftpfanne gelegte Rost setzen, beides zusammen auf der mittleren Schiebeleiste in den Backofen schieben und 30–35 Minuten braten. Zwischendurch erneut mit aufgelöstem Schmalz beträufeln.

Dreierlei Essen von einem Fisch (am Stück)

Willst du dreierlei Gerichte von einem Fisch machen

So nimm einen Hecht und wickle um die Mitte ein nasses Tuch und leg ihn auf ein Rost und salz ihn und laß ihn braten. Und das Vorderteil bestreu mit Mehl und begieße mit heißem Fett. Und das Tuch begieße mit heißem Wein, und der hintere Teil brät von allein auf dem Rost.

Für 4 Personen

1	Hecht (ca. 2–2,5 kg)
50 g	Schmalz
¼ l	Weißwein
¼ l	Wasser
2 EL	Mehl
	Salz
	Pfeffer
1	sauberes Leinentuch

Zubereitung: Den Backofen auf 220° vorheizen. Den Hecht ausnehmen, waschen und schuppen. Innen und außen kräftig mit Salz einreiben und mit Pfeffer aus der Mühle bestreuen. Das Schmalz auflösen, das Mehl hinzufügen, glattrühren zu einer nicht zu flüssigen Panade. Um die Mitte das mit Wein und Wasser getränkte Tuch wickeln. Den Teil zwischen Kopf und Tuch von beiden Seiten mit der flüssigen Panade bestreichen. Den Schwanzteil nochmal salzen. Den Hecht auf dem Rost über der Saftpfanne zunächst in die Mitte des Backofens geben. 20 Minuten braten lassen; dabei das Tuch immer wieder vorsichtig mit der Wasser-Wein-Mischung tränken, jedoch darf kein Wein auf die anderen Fischteile fließen! Dann den Grill (oder die Oberhitze) einschalten, den Rost in die obere Hälfte des Backofens geben und den Hecht von beiden Seiten 5 Minuten grillen.

Beim Servieren sollte man es so einrichten, daß jeder sowohl von dem gebackenen, als auch von dem gekochten und dem gebratenen Teil ein Stückchen erhält. Dazu paßt ausgezeichnet die «Sauce zu Fisch» (siehe S. 54).

▷ *Sehr praktisch angelegt ist der hier abgebildete Speisesaal König Johanns I. von Portugal: er hat eine Durchreiche zur Küche, von der noch die Vorrichtung zum Aufhängen der Töpfe über dem Feuer (sog. Sägehal) zu sehen ist. Den weltlichen und geistlichen Würdenträgern, die rechteckige Teller (Holzbretter?), runde kleine Brote und individuelle Messer vor sich liegen haben, werden offenbar Gänse serviert. Drei verzierte und gedeckte Salzgefäße vervollständigen den Tisch, auf dem allerdings Trinkgefäße fehlen. Zwei Musikanten untermalen das Essen mit Flötenmusik.*

Drei- oder viererlei Essen an einem Fisch
(zusammengesetzt)

Willst du dreierlei Gerichte von einem Fisch machen, so daß der Fisch doch scheinbar ganz bleibt, so schlag einen Hecht oder irgendeinen anderen Fisch in drei oder vier Teile. Den ersten Teil leg auf einen Rost und brate ihn. Den zweiten Teil koch in Wein gar und würz ihn, den dritten in Essig eingelegt, den vierten Teil, den Schwanz, gebacken. Und der Fisch soll zusammengelegt werden, ein Stück nach dem anderen, als ob er ganz sei: zuerst das Kopfstück, dann das Mittelstück, danach den Schwanz, mit gehackter Petersilie bestreut und aufgetragen. Dazu soll gute Sauce oder Essig in vielen kleinen Schälchen serviert werden. So ißt jeder Gast anders als der andere. Das ist ungewöhnlich.

FÜR 4 PERSONEN

1	Hecht oder Waller (ca. 1½–2 kg)
2 EL	Weizenmehl (Typ 405)
½ l	Courtbouillon oder Fischfond (Fertigprodukt oder selbst zubereitet, siehe Basisrezept S. 40)
3 cl	Weißwein
2 dl	Essig
2 dl	Wasser
1	Lorbeerblatt
1 TL	Senfkörner
5	schwarze Pfefferkörner
1	Zwiebel
½ TL	Zucker
	Salz
70 g	Butter oder Schmalz
	Pfeffer aus der Mühle
1 Bd	Petersilie

ZUBEREITUNG: Die Zwiebel schälen und fein hacken, aus Essig, Wasser, Lorbeerblatt, Senf- und Pfefferkörnern, Zucker und etwas Salz eine Marinade herstellen. Den Fisch waschen, schuppen, ausnehmen, in vier Teile teilen, dabei den Kopf am ersten Rumpfstück lassen. Das dritte Rumpfstück zunächst in einer Courtbouillon oder im Fischfond zusammen mit dem Weißwein in 20–25 Minuten gar ziehen lassen; herausnehmen und abkühlen lassen; dann in die Marinade legen.

Nun das Rumpfstück, an dem der Kopf sitzt, mit etwas aufgelöstem Fett bepinseln, innen und außen salzen und pfeffern; das zweite Stück ebenfalls innen salzen und pfeffern; 20 g Fett auflösen, mit dem Mehl verrühren, kräftig salzen und den zweiten Teil außen damit einstreichen. Teil eins auf einem Grill oder im Backofen (bei 220°) ca. 30 Minuten braten, Teil zwei im Backofen backen (220°, 25–30 Minuten). Das Schwanzstück innen und außen salzen und pfeffern und in den Fischfond legen, 20–25 Minuten garen. Auf einer großen Platte die einzelnen Fischstücke von Kopf bis Schwanz hintereinander anordnen.

Zu dem marinierten Teil reicht man die Marinade; zu den übrigen Teilen passen außerdem die «Sauce zu Fisch», «Süße Sauce» und «Sauce zu roten Hühnern».

Gebratene Äsche (oder Forelle)

DIE ÄSCHE, AUCH Äschling, Meiling oder Sprengling genannt, ist ein Flußfisch, der im Alpen- und Voralpengebiet vorkommt und zur Familie der Lachse gehört. Kein Wunder also, wenn ein heute in Graz aufbewahrtes Kochbuch, das wohl auch aus dem österreichischen Raum stammt, ein Rezept für diesen Fisch bereithält.

Und willst du eine Äsche machen, so nimm die Äsche, würz sie nicht. Schneid sie auf dem Arbeitstisch und laß den Darm in dem Fisch. Und füll ganze Salbeiblätter und Salz in den Fisch, bestreu ihn außen mit Salz und leg ihn auf ein Rost und brat ihn gar. So kannst du auch die Forellen, den Salm und die Brasse zubereiten.

FÜR 4 PERSONEN

4	Äschen
2 cl	Zitronensaft
4	Stiele Salbei
	Salz
	Pfeffer
	etwas Öl zum Bestreichen

ZUBEREITUNG: Die Äschen schuppen, ausnehmen, waschen und mit dem Zitronensaft beträufeln; 10–15 Minuten abtropfen lassen. Von innen mit Salz einreiben, außen mit Öl bepinseln, leicht salzen; je einen Zweig Salbei in die Fische legen und auf dem Grill in 5–7 Minuten je Seite garen.

Sauer eingelegte Lampreten (Neunaugen)

Die Lamprete, die statt der Kiemen hinter dem Nasenloch und dem Auge auf jeder Seite sieben Luftlöcher besitzt und daher auch Meer-Neunauge genannt wird, ist ein schmarotzender Meeresfisch, der sich mit seinem rüsselförmigen Maul an anderen Fischen festsaugt und von deren Blut ernährt. Zum Laichen begibt sich die Lamprete im Frühjahr in die Flüsse, wo sie früher gern gefangen wurde, weil ihr Fleisch als ausgesuchte Delikatesse galt. Von Heinrich I. von England heißt es, er sei – im Jahre 1135 – durch ein zu üppiges Mahl von Lampreten zu Tode gekommen. Heute sind Lampreten so gut wie nicht mehr zu erhalten. Falls man dennoch einmal eine erwischt, kann man sie wie im *Buoch von guoter spîse* beschrieben zubereiten:

Eine gute Füllung

Nimm Lampreten und schneide sie in sechs Stücke; das mittlere Stück mach kleiner als die anderen Stücke. Bestreu sie mit Salz und lege sie auf ein hölzernes Rost. Brate sie gar. Nimm das mittlere Stück, wenn es gar geröstet ist, und zerstoß es in einem Mörser und füge eine Schwarzbrotrinde hinzu, die in Essig eingeweicht ist, und tu gestoßenen Galgant und Pfeffer und Ingwer und Kümmel und Muskatblüte und Nelken dazu. Wenn du es aber lange aufbewahren willst, so mach es scharf an mit Essig und ein wenig Honig und koch es und lege es darin ein, wenn es erkaltet ist. Auf diese Weise kannst du auch gebratene Neunaugen (haltbar) machen, wenn du willst.

Für 4 Personen

800 g	Lampreten (Neunaugen)	1	Zwiebel
	Salz	1 TL	Galgant
	ev. Bratfett	1 TL	Ingwer
75 g	Schwarzbrot- oder Roggenbrotrinde		Pfeffer
1 dl	Essig	1 Msp	Kümmel
1 EL	Honig	1 Msp	Muskatblüte

Zubereitung: Die Fisch(stück)e säubern, salzen und in sechs Stücke schneiden. Grillen oder in wenig Fett in der Pfanne gar braten. Kalt stellen. Inzwischen die Zwiebeln schälen und fein würfeln. In dem Essig die Brot-

Ein mittelalterliches Festmahl, bei dem der König, Fürsten und Bischöfe anwesend waren, konnte – lange vor der Erfindung des neuzeitlichen «Arbeitsessens» – dazu beitragen, die richtige Atmosphäre für Verhandlungen über Bündnisse und Verträge zu schaffen. Bei diesem Trierer Fürstentreffen ging es um einen Interessenausgleich zwischen Kaiser Friedrich III. und Karl dem Kühnen von Burgund. Zahlreiche Diener bringen Nachschub an Essen und Getränken zu den üppig gedeckten Tischen, an denen man sich gegenübersitzt. Für jeweils drei Personen steht eine Vorlegeschüssel bereit. Nahezu jeder Gast verfügt über ein eigenes Messer und einen Trinkbecher mit Deckel.

rinde einweichen. Den Essig mit dem Honig, Galgant, Pfeffer, Ingwer, Kümmel, Muskatblüte und Salz kräftig würzen. Den gebratenen (gegrillten) Fisch in den Essig legen. Über Nacht ziehen lassen.

Für die Konservierung von Fisch durch das Einlegen in Essig bietet auch die *Küchenmeisterei* ein Rezept:

Sauer eingelegter Fisch.

Willst du Fische aufbewahren, so daß sie lange frisch bleiben, so leg sie in ein Fäßchen oder ein Tongefäß und gieß darauf guten Essig und leg Petersilie darauf und grab das in eine Grube mit frischer Erde. Und wenn du die Fische und den Essig herausnimmst, so gieß immer wieder frischen Essig daran. Und deck es gut wieder zu, so bleiben sie lange Zeit frisch und fangen nicht an zu stinken.

Tip: Auf gleiche Weise kann man auch gekochten Karpfen oder gebratene Schleie einlegen.

«Jerusalem»-Speise (Barsch in Mandelmilch und Zucker)

Ein Gericht

Willst du ein gutes Fastengericht machen, so nimm Barsche und tu sie in dicke Mandelmilch und koch sie gar in Mandelmilch. Und tu dann Zucker darauf. Das Gericht soll «Jerusalem-Speise» heißen. Und man ißt es kalt oder warm.

FÜR 4 PERSONEN

600 g	Barschfilet (ersatzweise Rotbarsch- oder Kabeljaufilet)
150 g	Mandeln
½ l	Wasser oder Wasser und Wein
3 EL	Zucker
1 TL	Zitronensaft
1 EL	Amaretto (oder einige Tropfen Mandelaroma)

ZUBEREITUNG: Die Mandelmilch nach den Anweisungen im Basisrezept (S. 33) zubereiten. Das Fischfilet waschen, trockentupfen, in die Mandelmilch geben und ca. 20 Minuten köcheln lassen. Eventuell etwas Wasser nachgießen. Mit Zitronensaft, Zucker und Amaretto (oder Mandelaroma) abschmecken und warm servieren.

Ausgebackener Rogen

Gebackene Fischrogen

Nimm Fischrogen, zieh ihn roh durch ein gutes Weißbrot oder sonst streu gutes weißes Mehl darüber wie für einen Straubenteig und färb es ein wenig, wenn du willst. Daraus mach gute Strauben oder anderes Gebackenes, oder würz es und mach kleine Fladen daraus, die im Ofen gebacken werden, oder mach gebrühte kleine Kuchen daraus wie aus Eiern.

FÜR 4 PERSONEN ALS VORGERICHT

Teig

90 g	Mehl
knapp 1 dl	Weißwein
12 g	Öl
1	Eigelb
1	Eiklar
10 g	Zucker
1	Prise Salz
	eventuell etwas Safran
	Pflanzenfett oder Öl zum Ausbacken
	Zucker nach Geschmack

Fülle

300 g	geräucherter Dorschrogen
50 g	fein gemahlene Mandeln
2 EL	trockener Weißwein
	Pfeffer
	Salz

ZUBEREITUNG: Den Rogen mit Mandeln und Weißwein vermengen, pfeffern und salzen. Aus den Zutaten für den Teig einen Straubenteig nach den Anweisungen im Basisrezept (S. 35) herstellen, dabei zuletzt das zu steifem Schnee geschlagene Eiklar unterheben. Vom Rogenmus mit zwei Teelöffeln mundgerechte Portionen abstechen, durch den Straubenteig ziehen und im Fett ausbacken. Nach Geschmack vor dem Servieren mit etwas Zucker überstreuen oder den Zucker separat dazu reichen.

Tip: Frischen Rogen bekommt man nur ganz selten; daher empfiehlt es sich, für dieses Rezept auf geräucherten Dorschrogen zurückzugreifen. Wenn man jedoch einen ganzen Hecht als Hauptgericht macht, kann man beim Ausnehmen den Hechtrogen beiseite legen oder sich ihn vom Fischhändler geben lassen und den ausgebackenen Rogen daraus herstellen.

Gefüllter Taschenkrebs

Gefüllter Krebs

Nimm große Krebse und nimm die Schalen ganz davon ab. Nimm das Innere und entferne das Unbrauchbare und hacke das andere auf einem sauberen Brett und schlage gebackene Eier da hinein und vermisch das und würze es und färbe es und füll die Krebsschalen damit, und leg die Schalen aufeinander und leg sie auf ein Rost und brate sie gut.

Für 4 Personen

4	Taschenkrebse (à 400–500 g)
100 g	Krabbenfleisch oder Surimi
2	Eier
1 EL	Walnußöl
1 EL	Balsam-Essig
1/4 TL	Salz
1/4 TL	Pfeffer
1/4 TL	Senfpulver
1 Bd	Petersilie
2	Stiele Kerbel

Zubereitung: Die Taschenkrebse unter fließendem Wasser gründlich waschen. In 4 l sprudelnd kochendes Salzwasser geben und in 15 Minuten garkochen. Abtropfen und abkühlen lassen. Dann die Krebse von der Unterseite öffnen, das Fleisch aus dem Körper holen; dabei das Ungenießbare wegwerfen, das Fleisch in eine Schüssel geben; die Scheren vom Körper lösen und aufbrechen, das Fleisch ebenfalls herausholen. Das Krebsfleisch und das Krabbenfleisch (oder Surimi) mit Balsam-Essig, Walnußöl, gehackter Petersilie und den beiden Eiern vermischen. Mit Salz, Pfeffer und Senfpulver kräftig abschmecken und wieder in die gereinigten Krebspanzer füllen. Im vorgeheizten Ofen bei 200° 15–20 Minuten überbacken. Mit Kerbelblättern dekorieren und jeden Panzer auf einer Serviette angerichtet servieren.

Krebstorte

Krebspasteten mach folgendermaßen: Aus einem kräftigen Teig forme eine Teigform in einer Kuchenform; mach eine Decke(, die) darüber (paßt,) und leg sie daneben. Koch die Krebse ohne Salz, schäle sie, leg sie zusammen (in die Teigform). Und hack Petersilie sehr fein. Nimm frische Eier, schlag sie gut und schütte sie in die Teigform. Schneide gute Birnen in längliche Schnitze und tu sie zu der Füllung. Nimm Feigen und Weinbeeren und füge sie hinzu; tu die Krebse, Scheren, Schwänze und Bäuche alle der Länge nach hinein. Dann nimm einen guten Wein und schmeck ihn mit Gewürzen ab. Und salze es und schmeck es ab. Und schütte es in die Teigform über die Füllung. Tu die Decke auf die Teigform; mach kleine Löcher hinein, damit der Dampf beim Backen abziehen kann. Schlage ein Ei oder zwei auf und bestreiche damit die Ränder, dann werden sie nicht weich. Tu Fett zwischen die Kuchenform und die Teigform und setze sie in den Backofen. Laß kochen oder braten. Schau (hin und wieder) danach, wenn es raucht, so brennt es an. Das verhindere, indem du Milchfett hinzufügst, dann gerät es wohl.

FÜR 4 PERSONEN

Teig

250 g Mehl
2 Eier
25 g Schweineschmalz
2–3 EL Wasser
Erbsen oder Linsen zum Blindbacken
Backpapier

Füllung

400 g Krebsschwänze (Langustenschwänze, Garnelen oder Büsumer Krabben)
1 Bd Petersilie
8 getrocknete oder frische Feigen
60 g Rosinen
3 EL Wein
Saft 1 kleinen Zitrone
Salz
Fett für die Form

Eierstich

4–5 Eier
½ l Sahne
1 Prise Salz
1 Prise Muskat

ZUBEREITUNG: Aus Mehl, Eiern, angewärmtem Schmalz und Wasser einen trockenen Pastetenteig nach den Anweisungen im Basisrezept (S. 38) zubereiten und einige Stunden stehen lassen. Backofen auf 200° vorheizen; den Teig ausrollen, in eine gefettete Springform (26 cm ∅) geben, 2–3 cm Rand lassen. Ein Pergament- oder Backpapier auf den Boden legen und die Erbsen oder Linsen zum Blindbacken darauffüllen. Auf der mittleren Schiene 10–12 Minuten vorbacken. Dann Papier und Erbsen bzw. Linsen entfernen.

Petersilie hacken; eine Feige in Scheiben schneiden, zur Dekoration beiseite legen. Die übrigen Feigen kleinschneiden. 3 Krebsschwänze (bzw. einige Krabben) zur Dekoration zurückbehalten. Petersilie, Rosinen, kleingeschnittene Feigen und Krebsschwänze (bzw. Garnelen oder Krabben) miteinander vermischen, mit Salz, Zitronensaft und Weißwein ½ Stunde marinieren. Dann abtropfen lassen, dabei die Marinade auffangen. Das Gemisch aus Krebsschwänzen (bzw. Krabben), Feigen und Rosinen trocken auf den vorgebackenen Boden geben. Mit den beiseite gelegten Feigenscheiben und den Krebsschwänzen dekorieren. Ofen auf 200° vorheizen, die Torte gut 5 Minuten vorbacken. Inzwischen aus Eiern, Sahne, Muskat und Salz einen Eierstich bereiten. Über die Torte gießen und bei 200° 10 bis 15 Minuten fertigbacken, bis die Torte goldgelb ist.

Variante: Man kann die Pastete auch ohne Teig in einer feuerfesten Form backen. Dazu Petersilie, Rosinen, kleingeschnittene Feigen und Krebsschwänze (bzw. Garnelen oder Krabben) miteinander vermischen, mit Salz, Zitronensaft und Weißwein ½ Stunde marinieren; abtropfen lassen, dabei die Marinade auffangen; die abgetropfte Masse in eine gefettete, feuerfeste Form geben. Aus Eiern, Sahne, Muskat und Salz einen Eierstich bereiten und über das Gemisch geben. Im vorgeheizten Ofen bei 200° 15 bis 20 Minuten backen, bis der Eierstich goldgelb ist.

Rotes Krebsgericht

Willst du ein rotes Krebsgericht aus Milch und Krebsen machen, so nimm Krebse und wasch sie, daß sie sauber werden. Brich ihnen die Scheren ab. Stoß sie (die Scheren) in einem Mörser klein. Streich sie mit Milch durch ein Tuch. Laß das kochen. Das heißt Krebse in einer Sauce.

FÜR 4 PERSONEN

20–24	Flußkrebse	¼ l	Milch
1	Schalotte	1 Msp	Macis (Muskatblüte)
1 EL	Butter	1 Bd	Dill
1–2 EL	Weizenmehl (Type 405)		Pfeffer
¼ l	Courtbouillon, Fischfond oder Fleischbrühe	30–40 g	Salz

ZUBEREITUNG: Die Flußkrebse unter fließendem Wasser gut waschen. 3–4 l Salzwasser sprudelnd kochen, die Krebse nacheinander hineinwerfen. Wenn das Wasser während dieses Vorgangs aufhört, sprudelnd zu kochen, unbedingt wieder kräftig kochen lassen, bevor man den nächsten Krebs hineinwirft. Wenn alle Krebse im Wasser sind, nochmals aufkochen lassen, herunterschalten und bei milder Hitze 10 Minuten ziehen lassen. Die Krebse herausnehmen, das Fleisch aus den Schwänzen und Scheren lösen und beiseite stellen. Die Scheren und Panzerteile im Mörser fein zerstoßen und in der Butter 5–10 Minuten bei mittlerer Hitze schmoren lassen. Unterdessen die Schalotte schälen und fein würfeln, hinzugeben und glasig dünsten. Alles durch ein Haarsieb streichen und wieder zum Feuer geben. Das Mehl hinzufügen, mit Courtbouillon, Fischfond oder Brühe ablöschen und eine Mehlschwitze herstellen, mit der Milch weiter verdünnen. Mit Macis, Salz und Pfeffer abschmecken. Die Krebsschwänze kurz hineinlegen, mit fein gehacktem Dill bestreuen und servieren.

Geflügel

Feldthüner.
Jung vögel.
Trostlen/Amßlen.
Hennen.
Hanen.
Jung tauben.
Caponen.

EIN FEST FÜR DEN BAUERNSOHN

Als der Bursche erwachte,
das Essen fertig war
und er sich die Hände gewaschen hatte,
hört, was ihm da vorgesetzt wurde.
Ich will euch zunächst den ersten Gang nennen
(selbst wenn ich ein hochangesehener Herr wäre,
so hätte ich von einem solchen Gericht
gern etwas abbekommen):
ganz fein geschnittenes Weißkraut
und als Beilage
ein Stück gut durchwachsenes Fleisch.
Hört auch den zweiten Gang:
Ein fetter und ganz mürber Käse
wurde als Gericht aufgetragen.
Und hört, wie genau ich Bescheid weiß:
Niemals ist eine so gut gemästete Gans
am Spieß gebraten worden
(mit Lust und Liebe waren sie dabei,
und keinem wurde es zuviel);
sie war mächtig groß
wie eine Trappe:
die setzte man dem Burschen vor.
Ein gebratenes und ein gekochtes Huhn,
wie der Bauer angeordnet hatte,
wurden ebenfalls aufgetragen.
Selbst ein vornehmer Herr wäre auf solche Braten aus,
wenn er auf der Jagd wäre
und auf dem Anstand liegen würde.
Noch verschiedenste Gerichte,
wie sie ein Bauer niemals kennengelernt hat,
derart herrliche Speisen
wurden dem Burschen vorgesetzt.

Wernher der Gartenaere, «Helmbrecht»

Blamensir (Blancmanger)

Blancmanger (wörtlich: Weißessen) ist meist eine Art Hühnerfrikassee; es kann aber auch mit Kalbfleisch oder Fisch zubereitet werden. Die ältesten Rezepte stammen aus dem *Buoch von guoter spîse:*

Willst du ein Blancmanger machen

Wie man ein Blancmanger machen soll. Man soll Ziegenmilch nehmen und ein halbes Pfund Mandeln vorbereiten. Ein viertel Reis soll man zu Mehl stoßen und das in die kalte Milch tun. Und nimm eine Hühnerbrust, die soll man zerpflücken, kleinhacken und hineingeben. Und ein Viertel Schmalz soll man hineintun und soll es darin sieden, und laß es lange genug kochen und nimm es dann wieder herunter (vom Feuer). Und nimm gestoßene Veilchen und gib sie hinein. Und ein Viertel Zucker tue man darein und reiche es. Auf diese Weise kann man in der Fastenzeit ein Blancmanger von einem Hecht zubereiten.

Für 4 Personen

6	Hähnchenbrustfilets ev. noch auf den Knochen
300 g	geschälte Mandeln
1 l	Wasser (oder Wein oder Wasser-Wein-Gemisch) (ersatzweise: 1 l Milch 200 g Marzipanrohmasse)
1 EL	Amaretto (Mandellikör) oder 1 TL Mandelaroma
30 g	Butter oder Schmalz
30 g	Reisstärke (aus frisch gemahlenem Rundkornreis)
100 g	Zucker (wenn man Marzipanrohmasse benutzt: nur 50 g Zucker)

Zubereitung: Aus geschälten Mandeln und Wasser (bzw. Wein oder Wein-Wasser-Gemisch) eine Mandelmilch nach dem Basisrezept (S. 33) herstellen. (Wenn man Zeit sparen möchte und auf Authentizität weniger erpicht ist, kann man als «Abkürzung» dieser Prozedur eine Art Mandelmilch aus Milch und Marzipanrohmasse herstellen. Dazu die Milch mit der Marzipanrohmasse zum Kochen bringen und die Marzipanrohmasse darin auflösen.)

Die Hähnchenbrustfilets (eventuell mit Knochen) in der Mandelmilch gar kochen (ca. 20 Minuten). Die Filets aus der Milch nehmen und warm stellen.

Butter (Schmalz) in einem Topf zerlaufen lassen und die Reisstärke dazugeben, d. h. eine «Mehlschwitze« (roux) herstellen. Diese in die Mandelmilch geben und 20 Minuten einkochen lassen.

In der Zwischenzeit die Hähnchenbrüste von den Knochen lösen und in schöne gleichmäßige Scheibchen schneiden, in einem feuerfesten Geschirr anrichten, mit Fettpapier abdecken, damit das Fleisch nicht austrocknen kann, und warmstellen. Anfallende An- und Abschnitte im Mörser oder in einem Cutter fein pürieren und unter die Mandelmilch ziehen. Mandelmilch mit Zucker und Amaretto oder Mandelaroma abschmecken. Diese Masse über die angerichteten Hähnchenbrustscheiben geben.

Griechische Hühner

Der älteste Beleg für «Arme Ritter», ein heute noch bekanntes, einfaches Gericht, verbirgt sich in diesem Rezept im *Buoch von guoter spîse:* «Griechische Hühner» bestehen nämlich aus Pfannkuchen mit Äpfeln, Hühnerfleisch und eben «Armen Rittern». Allerdings wird hier deren Zubereitung weitgehend bereits als bekannt vorausgesetzt.

Ein gutes Gericht.

Man soll ein Huhn in Speck gewickelt braten. Und schneide dann acht Scheiben Arme Ritter und back sie in Schmalz nicht zu trocken. Und schäle saure Äpfel und schneide sie in breite Scheiben, so daß die Kerne herausfallen, back sie ein wenig in Schmalz. Dann mache einen großen Eierpfannkuchen, der die ganze Pfanne ausfüllt, und würze ihn. Dann leg zuerst eine Schicht Äpfel, dann die Armen Ritter, danach das Huhn hinein, das in kleine Stücke geschnitten sein soll. Tu auf jede Schicht ein wenig Gewürz, und mach eine Sauce aus Wein und Honig und Gewürzen, nicht allzu heiß. Dann falte den Pfannkuchen zusammen, stürze eine Schüssel darüber, kehr die Pfanne (mitsamt der Schüssel) um, (so daß der Pfannkuchen umgekehrt in der Schüssel liegt,) schneide oben ein Fenster hinein und gieß die Sauce da hinein und servier es. Dieses Gericht heißt «Griechische Hühner».

Für 4 Personen

Teig

100 g	Mehl
¼ l	Milch
2	Eier
1	Prise Salz
	Butter zum Abbacken

Sauce

2 dl	Weißwein
5 EL	Honig
½ TL	Zimt
1	Prise Kardamom

Fülle

1	kleine Poularde oder 3–4 Hähnchenbrustfilets
2 dl	Hühnerbrühe
4–6	dünne Scheiben durchwachsener Speck
4	Scheiben Weiß- oder Toastbrot
1 dl	Milch
2	Eier
1 TL	Zucker
2 Msp	Zimt
2	Boskop
	Pfeffer
2 Msp	Ingwerpulver
2 Msp	Galgant
	Salz
150 g	Schmalz

Zubereitung: Die Poularde waschen, trockentupfen, innen und außen pfeffern und salzen; mit Speck umwickeln; etwas Schmalz in einen Schmortopf geben, die Poularde kurz anbraten, mit Hühnerbrühe ablöschen und bei schwacher Hitze in etwa 45 Minuten garen. Wenn man Hähnchenbrustfilets verwendet, diese mit Speck umwickeln, in einer Pfanne in etwas Schmalz anbraten, bei geschlossenem Deckel und schwacher Hitze in etwa 20 Minuten garen. Das Hühnerfleisch in Tranchen, den Speck in kleine Stücke schneiden, in eine Schüssel legen, zudecken und warmstellen.

In der Zwischenzeit die Eier in einer Schüssel aufschlagen und mit der Milch verquirlen, die Weißbrotscheiben kurz hineintauchen und in einer Pfanne in heißem Schmalz ausbacken und warmstellen.

Die Äpfel schälen, das Kerngehäuse daraus entfernen, quer in nicht zu dünne Scheiben schneiden, etwas Zucker und Zimt auf die Scheiben streuen und in heißem Schmalz backen; sie sollen nicht zerfallen.

Weißwein mit Honig erhitzen, bis sich der Honig ganz aufgelöst hat; mit Zucker und Kardamom abschmecken.

Aus den angegebenen Zutaten für den Teig nach der Anweisung im Basisrezept (S. 37) einen Pfannkuchenteig herstellen, wenigstens vier dünne, möglichst große Pfannkuchen in heißer Butter abbacken. Auf jeden Pfannkuchen eine Apfelscheibe, eine ausgebackene Weißbrotscheibe (= den «Armen Ritter»), zwei bis drei Tranchen Hühnerfleisch und etwas Speck legen. Jede Schicht mit Pfeffer, Salz, Ingwerpulver und etwas Galgant würzen. Die Pfannkuchen zusammenfalten, auf einen tiefen Teller stürzen, ein Loch von ca. 2–3 cm Durchmesser hineinschneiden und die Sauce hineingießen.

Rheingauer Hühner

Ähnlich wie die «griechischen Hühner» werden auch die «Rheingauer Hühner» im Pfannkuchen zubereitet: gedeckte Pfannkuchen werden mit Hühnerfleisch und süßer Weinsauce gefüllt:

Von Gebratenem

Man soll ein Huhn braten, und röste eine Weißbrotschnitte, von der rundherum die Rinde abgeschnitten ist, und brate sie goldbraun und schneide sie in Würfel wie zu einer Brotsuppe. Zerlege das Huhn in kleine Stücke und brate sechs Birnen. Mach eine Sauce aus Wein und Honig, reib dann Gewürze hinein, Pfeffer und Anis, und mach einen Pfannkuchen aus fünf Eiern. Schlag die in die Pfanne und fülle dann jenes (also die Mischung aus Hühnerfleisch, Brotwürfeln und Birnen) darauf und schlage den Pfannkuchen dann zusammen und decke eine Schüssel darauf und kehre dann die Pfanne (samt der Schüssel) um. Schneide den Pfannkuchen oben ein und gieß die Sauce da hinein, aber begieß den Pfannkuchen nicht. Dieses Gericht heißt «Hühner aus dem Rheingau».

Für 4 Personen

Teig

100 g	Mehl
¼ l	Milch
2	Eier
1	Prise Salz
	Butter zum Ausbacken

Sauce

2 dl	Weißwein
5 EL	Honig
	schwarzer Pfeffer
1–2 Msp	Anis

Fülle

1	kleine Poularde oder 3–4 Hähnchenbrustfilets
2	Scheiben Weiß- oder Toastbrot
2	Birnen
1 TL	Zucker
2 Msp	Zimt
150 g	Schmalz
	Zucker
	Salz
	Pfeffer

Zubereitung: Die Poularde waschen, trockentupfen, innen und außen pfeffern und salzen, mit Speck umwickeln; etwas Schmalz in einen Schmortopf geben, die Poularde kurz anbraten, mit Hühnerbrühe ablöschen und bei schwacher Hitze in etwa 45 Minuten garen. Wenn man Hähnchenbrustfilets verwendet, diese in einer Pfanne in etwas Schmalz anbraten, bei geschlossenem Deckel und schwacher Hitze in etwa 20 Minuten garen. Das Hühnerfleisch in Tranchen schneiden, in eine Schüssel legen, zudecken und warmstellen.

Die Rinde von den Weißbrotscheiben abschneiden, die Scheiben toasten und würfeln.

Die Birnen schälen, das Kerngehäuse daraus entfernen, in Spalten schneiden, etwas Zucker und Zimt auf die Scheiben streuen und in heißem Schmalz backen; sie sollen nicht zerfallen.

Weißwein mit Honig erhitzen, bis sich der Honig ganz aufgelöst hat; mit frisch gemahlenem Pfeffer und Anis abschmecken.

Aus den angegebenen Zutaten für den Teig nach der Anweisung im Basisrezept (S. 37) einen Pfannkuchenteig herstellen, wenigstens vier dünne, möglichst große Pfannkuchen in heißer Butter abbacken. Auf jeden Pfannkuchen gebackene Birnen, Weißbrotwürfel und zwei bis drei Tranchen Hühnerfleisch legen. Jede Schicht mit Pfeffer, Salz, Ingwerpulver und etwas Zucker würzen. Die Pfannkuchen zusammenfalten, auf einen tiefen Teller stürzen, ein Loch von ca. 2–3 cm Durchmesser hineinschneiden und die Sauce hineingießen.

Weißes (gebratenes) Huhn

Wollt ihr ein weißes gebratenes Huhn machen, bratet ein Huhn und nehmt Eiklar und ein wenig Mehl dazu, würzt das und schlag es durcheinander und begieß das Huhn damit und danach setz es auf das Feuer.

Für 4 Personen

1	Poularde (oder 4 Hähnchenbrustfilets)
80 g	Schmalz (oder Öl)
2	Stiele Petersilie
	Salz
	weißer Pfeffer
1 cl	Zitronensaft
4	Eiklar
1 EL	Mehl
1	Prise weißer Pfeffer
1 Msp	Muskatblüte (Macis)
1	Prise Salz

Zubereitung: Man kann die Poularde entweder ganz lassen und im Bräter im Backofen garen oder in Stücke zerteilt in der Pfanne. Für das Garen im Backofen diesen auf 225° vorheizen. Die Poularde waschen, trockentupfen, von innen und außen salzen, von außen auch pfeffern. Die Poularde dressieren und die Petersilienstiele hinein legen. Die Poularde in einen Bräter geben, mit (geschmolzenem) Fett begießen und im vorgeheizten Ofen (200–225°) 50 Minuten braten; zwischendurch verschiedentlich mit Bratenfett übergießen. Für das Braten in der Pfanne die Poularde in 3 Stücke zerteilen, in einer großen Pfanne kräftig anbraten, herunterschalten und auf mittlerer Flamme bei geschlossener Pfanne in ca. 25–35 Minuten garen. Entsprechend kann man auch mit Hähnchenbrustfilet verfahren.

Das Hühnerfleisch mit Zitronensaft beträufeln und in eine gefettete Auflaufform legen. Den Backofen auf 170° vorheizen. Die Eiklar zu einem steifen Schnee schlagen, mit Salz, weißem Pfeffer und Macis kräftig abschmekken. Das Mehl darüber stäuben und vorsichtig unterheben. Den Eischnee über das Hühnerfleisch geben und im vorgeheizten Ofen bei 170–180° etwa 20 Minuten backen.

Rote Hühner

Schlag Eier und Safran durcheinander und behandle sie wie zuvor (bei den weißen Hühnern beschrieben). Dann hast du rote Hühner.

Für 4 Personen

1	Poularde (oder 4 Hähnchenbrustfilets)	4	Eiklar
80 g	Schmalz (oder Öl)	2	Eigelbe
2	Stiele Petersilie	1 EL	Mehl
	Salz	2 Msp	Ingwer
	weißer Pfeffer	1	Portion Safran
1 cl	Zitronensaft		

Zubereitung: Das Hühnerfleisch zubereiten wie im Rezept für weißes Huhn beschrieben. Das Hühnerfleisch mit Zitronensaft beträufeln und in eine gefettete Auflaufform legen. Den Backofen auf 170° vorheizen. Die Eiklar zu einem steifen Schnee schlagen, mit Salz, weißem Pfeffer, Ingwer und Safran kräftig abschmecken. Die Eigelbe in einem Schüsselchen oder einer Tasse aufschlagen, auf das Eiweiß gleiten lassen und vorsichtig unterheben. Das Mehl darüber stäuben und ebenfalls vorsichtig unterheben. Den Eischnee über das Hühnerfleisch geben und im vorgeheizten Ofen bei 170–180° etwa 20 Minuten backen.

Hühner im Brätmantel

Wer ein gutes Gericht von Hühnern machen will, der tu folgendes. Wenn sie recht gut gar gekocht sind, zerleg sie in vier Teile. Nimm Brät und hack es und zerstoß es gut in einem Mörser. Nimm den Kopf, den Hals und alles Gekröse, hack es und zerstoß es zusammen mit dem Brät. Nimm Eier, Petersilie und zweimal einen Löffel weißes Mehl, das schütte dazu mit Wasser oder Wein, gilb es mit Safran. Wenn das alles gut zerstoßen ist, so nimm es heraus und nimm die anderen Hühnerteile und umgib sie mit der zerstoßenen Masse ringsherum, jedes Stück wie einen Kuchen. Feuchte die Hände mit Wein an und streich die Masse schön glatt. Und leg die Teile in die alte Hühnerbrühe (d. h. in die Brühe, in der das Huhn gegart wurde) in einen weiten Topf, so daß die Brühe alle Teile bedeckt. Und laß es auch kochen. Du mußt auch wissen, daß die alten fetten Hühner sich gut dazu eignen. Wenn die Hühnerteile nun gar gekocht sind, so schmeck die Brühe mit Safran und (anderen) Gewürzen ab, streu fein gehackte Petersilie hinein und trag es auf. Willst du es verfeinern, so nimm Feigen und Rosinen in das Gehackte, aber so, daß es kaum zu schmecken ist. Und egal wie klein die Teile sind, man soll doch jedes einzeln mit der Masse umgeben und in die Brühe legen. Solches Gehacktes ohne das Mehl kann man gut als Füllung für Hühner gebrauchen.

Für 4 Personen

1	Suppenhuhn	2 Bd	Suppenkraut	30 g	Rosinen
2	Hähnchenbrustfilets	2 EL	Weizenmehl	1	Feige, getrocknet (oder 2 frische Feigen)
200 g	Bratwurstbrät	1	Scheibe Weißbrot		
20 g	Butter (Schmalz)	1–3 EL	Weißwein		
ev. 1 l	Instant Hühnerbrühe	2	Eier		Pfeffer
1	Zwiebel	1 Bd	Petersilie		Salz

Zubereitung: Die Zwiebel fein würfeln, das Suppenkraut putzen und fein würfeln. Die Zwiebel in wenig Fett glasig dünsten, die Suppenkrautwürfel hinzugeben und mit Wasser oder Hühnerbrühe ablöschen. Das Suppenhuhn in der Brühe gar kochen. (Hühnerbrühe wird man dann verwenden, wenn man als Vorspeise eine Hühnersuppe geben will.)

Das Huhn abkühlen lassen, in wenigstens 4 oder 8 Teile zerteilen. Die Hähnchenbrustfilets kleinschneiden, im Mixer pürieren, mit dem Brät vermischen. Mit Eiern, gehackter Petersilie, Rosinen, der geschälten und fein gewürfelten Feige, Pfeffer, Safran und Salz vermischen, das Mehl und das fein zerbröselte Weißbrot einrühren. Die Masse darf nicht zu flüssig sein. Dann die einzelnen Hähnchenteile damit umkleiden. Die Teile in der erneut aufgekochten Hühnerbrühe 20 Minuten garen.

Gefüllte Poularde, gekocht und gebraten

Willst du ein gutes Huhn kochen oder braten oder füllen, so bereite das Huhn schön vor und weide es aus. Und nimm die Därme heraus; nimm Kopf, Hals, Leber, Magen und alles Eingeweide und koch es in einem Topf oder in einer Pfanne gar. Hack es sehr fein, mit Petersilie, schlag rohe Eier hinein und schmeck es ab mit Gewürzen und Salz. Hacke abgehangenen Speck und gib den und Rosinen oder gebratene Birnen dazu. Das alles vermenge gut miteinander. Das ist die Fülle. Wenn das Huhn bereit ist, löse das Fleisch ganz und gar von den Knochen und fülle es schön mit grüner Farbe (d. h. mit durch Petersilie grün gefärbter Füllung). Verschließ es und laß es in Wasser, das mit Wein und Essig gemischt ist, aufkochen, damit es fest wird und die Fülle stockt. Stoß es dann an einen Bratenspieß, laß es von der Seite braten und begieße es jeweils beim Wenden, das ist gut. Wenn du nun das Huhn kochen willst, dann darf man das Eingeweide nicht kochen. Hack es ungekocht und bereite damit eine Fülle wie zuvor und koch es miteinander in reinem Wasser und salz es angemessen. Der Topf soll weit sein, damit es nicht anbrennt. Schäum es schön ab und deck es gut ab und gieß wenig hinzu, dann bleibt der Wohlgeschmack der Brühe erhalten. Wenn du es anrichten willst, so kannst du es mit Gewürzen und Safran abschmecken, und probier es gut!

FÜR 4 PERSONEN

1	Poularde (ca. 1800 g)
150 g	Innereien (Herz, Leber, Magen)
150 g	magere Schweineschulter
150 g	Poulardenbrust (oder Hähnchenbrustfilet)
150 g	durchwachsener Speck
1 Bd	Petersilie
2	Eier
50 g	Rosinen
2	Birnen
1	Bouquet garni (Porree, Möhren, Sellerie, Zwiebeln)
	Alufolie
	Wurstband
1 l	trockener Weißwein
1 l	Wasser
2 cl	Essig
	Salz
	Pfeffer
	Safran
	Majoran
	Thymian
	Kerbel
	Petersilie

ZUBEREITUNG: Von der Poularde die Unterschenkel und Flügel abschneiden, um das weitere Auslösen der Poularde zu erleichtern. Die Poularde mit der Brustseite auf ein Brett legen und auf dem Rücken entlang dem Rückgrat auf beiden Seiten die Haut einschneiden (vom Hals zum Bürzel). Die Poularde mit den Fingern abtasten, um die richtige Stelle der Flügelgelenke zu finden, diese mit einem scharfen Messer durchtrennen. Ebenso die Keulen an den Hüftgelenken abtrennen. Die Brustkarkasse auslösen; dabei die Schneide des Messers zur Karkasse, nicht zum Fleisch halten. Das Brustbein auslösen, ohne die Haut zu verletzen. Die verbliebenen Flügelknochen auslösen und das Fleisch nach innen ziehen. Ebenso bei den Keulen verfahren. Die an den Keulen und Flügeln durchtrennten Sehnen aus dem Fleisch entfernen. Die Poularde auf dem Brett auslegen und egalisieren, d.h. lose Fleischteile, z.B. die Brustfilets, auf unbedeckte Hautstücke verteilen, so daß die Außenhaut der Poularde an allen Stellen mit Fleisch bedeckt ist. Die Poularde nun innen mit gemahlenem Safran, mit Salz oder Pfeffer würzen.

Die Schweineschulter, die Poularden- bzw. Hähnchenbrüste mit dem Speck in Streifen schneiden. Mit Salz, Pfeffer, Majoran und Thymian würzen, kalt stellen. Das Fleisch zweimal durch die feine Scheibe des Fleischwolfes drehen. Die Eier hinzufügen und mit einem Holzspatel zu einer glatten Farce vermengen. Herz und Magen gar kochen; Leber in etwas Öl rasch anbraten, alles erkalten lassen. Danach in kleine Würfel schneiden. Die Birnen schälen und ebenfalls in Würfel schneiden und mit den Rosinen, dem Kerbel, der Petersilie und den Innereien sowie der Fleischfarce vermischen. Die Farce nun auf die vorbereitete Poularde verteilen. Die Poularde schließen: Zuerst die Bürzelseite über die Farce geben und danach die Halsseite darüberklappen, und zwar so, daß alle Nahtstellen gut bedeckt sind und keine Farce austreten kann. Das Ganze zu einer gleichmäßigen Rolle formen. In Alufolie, Bratfolie oder eine Serviette einrollen und mit einem Wurstband gleichmäßig binden.

Aus den Geflügelkarkassen mit Weißwein, Wasser, Essig und dem Bouquet garni einen Fond kochen. Den Fond passieren, die Geflügelrolle in den Fond geben und bei konstant 80° garen (die Garzeit beträgt pro kg 40 Minuten bei 80°).

Tip: Die Poularde ist besonders herzhaft, wenn sie nach der Hälfte der Garzeit aus der Folie oder Serviette genommen und in einem Bräter im heißen Ofen gebraten wird. Dazu die Poularde bei 220° im vorgeheizten Ofen anbraten, bis sie braun wird, dann auf 180° herunterschalten und fertigbraten. Dabei mehrmals mit dem Fond begießen.

Füllungen für Gänsebraten (3 Sorten)

Eine Füllung für eine Gans

Nimm eine Gans und fülle die mit Knoblauch, Speck und Pfeffer. Du kannst auch eine Füllung aus Wacholderbeeren und Speck und Eiern und etwas Brot und Gewürzen machen. Nimm auch Speck dazu und grüne Birnen und Wacholderbeeren und gehackte Petersilie und Zwiebeln.

FÜLLMENGE FÜR JE EINE GANS:

Füllung 1		*Füllung 2*		*Füllung 3*	
4	Brötchen	15	Wacholderbeeren	500 g	Birnen
250 g	durchwachsener Speck	250 g	durchwachsener Speck	15	Wacholderbeeren
3	Zehen Knoblauch	3	Eier	250 g	durchwachsener Speck
	Pfeffer	10	Scheiben Weißbrot	1 Bd	Petersilie
	Salz	½ TL	Kümmelpulver	3	Zwiebeln
			Pfeffer		Pfeffer
			Salz		Salz

ZUBEREITUNG:

Füllung 1: Brötchen zerzupfen; Speck in Würfel schneiden; Knoblauch schälen und fein würfeln; alle Zutaten vermischen, kräftig mit Pfeffer und Salz abschmecken und in die Gans füllen.

Füllung 2: Weißbrot und den durchwachsenen Speck würfeln; die Wacholderbeeren im Mörser zerdrücken; mit den Eiern vermischen, mit Kümmelpulver, Pfeffer und Salz kräftig würzen und in die Gans füllen.

Füllung 3: Birnen schälen, Kerngehäuse entfernen, in Stifte schneiden; den durchwachsenen Speck würfeln; Zwiebeln schälen und fein würfeln; Wacholderbeeren im Mörser zerdrücken; Petersilie fein hacken; alle Zutaten vermischen, mit Pfeffer und Salz kräftig abschmecken und in die Gans füllen.

Gänsebraten mit Leber-Apfel-Sauce

Dies ist ein gutes Essen.

Steck eine Gans an einen Spieß und koch das Gekröse. Nimm vier hart gekochte Eier und gib Krumen von schönem Weißbrot und Kümmel dazu und ein wenig Pfeffer und Safran. Und nimm drei gekochte Hühnerlebern, verrühre sie mit Essig und Hühnerbrühe, aber nicht zu sauer, und schäle Zwiebeln und schneide sie fein und tu sie dann in einen Topf. Tu Wasser oder Schmalz dazu und laß sie sieden, damit sie weich werden. Und nimm saure Äpfel, schneide die Kerne heraus. Wenn die Zwiebeln gar sind, gib die Äpfel dazu, daß sie weich werden. Gib dann das Gemisch (aus Eiern, Brotkrumen, Gewürzen, Leber, Essig und Brühe) zusammen mit den Zwiebeln und den Äpfeln in eine Pfanne. Und wenn die Gans gebraten ist, so zerlege sie und leg sie in ein schönes Gefäß und gieße die Sauce darüber und servier es.

FÜR 4–6 PERSONEN

1	Gans (ca. 2,5 kg) möglichst mit Innereien
	Salz
	Pfeffer
	Fenchelsamen
	Kümmelpulver
1 dl	Wasser mit 5 EL Honig

Füllung (siehe Füllungen für Gänsebraten No. 3)

500 g	Birnen
15	Wacholderbeeren
250 g	durchwachsener Speck
1 Bd	Petersilie
3	Zwiebeln
	Pfeffer
	Salz

Sauce

½ l	Hühnerbrühe
1 Bd	Suppenkraut
3–4	Scheiben Weißbrot (oder 75 g Semmelbrösel)
200 g	Hühnerleber
4	Eier
	Pfeffer
1	Port. Safran
2 Msp	Kümmelpulver
3 EL	Essig
2	Zwiebeln
2–3	Boskop (oder andere säuerliche Äpfel)
1	Prise Zucker

ZUBEREITUNG: Die Gans ausnehmen, waschen, trockentupfen; Magen, Herz, Leber und etwas Fett aufbewahren. Die Gans von innen und außen salzen und pfeffern, mit im Mörser zerstoßenen Fenchelsamen und Kümmelpulver einreiben. Den Backofen auf 200° vorheizen. Aus Birnen, durchwachsenem Speck, Wacholderbeeren, Zwiebeln, gehackter Petersilie, Pfeffer und Salz eine Füllung herstellen, wie im Rezept «Füllungen für Gänsebraten» (S. 134) beschrieben, und die Gans damit füllen, zunähen und dressieren. Einen Bratrost auf die Saftpfanne legen; die Gans mit der Brustseite nach unten auf den Bratrost legen. Nach 15–20 Minuten die Gans auf allen Seiten mit einer Nadel einstechen, damit das Fett auslaufen kann. Etwa 2 l kochendes Wasser in die Bratenpfanne gießen. Die Gans während des Bratens öfter mit der Flüssigkeit aus der Saftpfanne beschöpfen. Nach etwa 1 Stunde die Gans umdrehen. Nach 2–2¼ Stunden nur die Oberhitze einschalten, die Gans mit dem Wasser-Honig-Gemisch begießen und gut 5 Minuten bräunen lassen.

Unterdessen für die Sauce 4 Eier hart kochen. Das Suppenkraut putzen und fein würfeln. Magen und Herz der Gans waschen, in feine Würfel schneiden. Die Hühnerbrühe mit dem Suppenkraut aufkochen, Magen und Herz darin gar kochen. Nach ca. 1 Stunde etwa 2 dl Brühe abnehmen, durchseihen und darin die Gänse- und die Hühnerleber garen. Wenn die Leber gar ist, die Brühe mit der Leber durch ein Haarsieb schlagen und wieder in einen Topf geben. Die Magen- und Herzwürfel hinzufügen; das Weißbrot zerzupfen und dazugeben; die hartgekochten Eier schälen, kleinhacken und unterrühren. Mit Essig, Kümmel, Pfeffer und Salz abschmecken und leise köcheln lassen.

Die Äpfel schälen, vom Kerngehäuse befreien und in Stifte schneiden. Die Zwiebeln schälen, würfeln und in Gänsefett glasig dünsten. Die Apfelstifte hinzufügen, ebenfalls glasig dünsten. Das Zwiebel-Apfel-Gemisch zur restlichen Sauce geben. Zum Schluß mit Safran, Kümmel, Pfeffer, Salz, Essig und einer Prise Zucker kräftig abschmecken und zur Gans reichen.

Gans im Teigmantel

Willst du eine Gänse-Pastete machen, so mach die Gans völlig sauber, überbrüh sie gut mit Wasser, danach nimm sie aus und drück sie in der Mitte gut in die Breite. Danach nimm das Gewürz, wie es zuvor für die Kapaunen-Pastete steht, und bestreu sie damit gründlich, und salz sie danach gut. Nimm Zitronen und Birnen und Speck und Kümmel, rühr das gut durcheinander, es muß auch ein wenig kleingehackt sein, nicht viel, nur die Birnen und der Speck. Und füll die Gans damit, und leg um die Gans, was über bleibt von dieser Füllung. Und spick vorher die Gans gut und leg breite Speckschnitze um die Füße und die Flügel. Und mach einen Teig wie für die Wildbretpastete, und schlag die Gans da hinein, von allen vier Seiten wie eine Gans. Und leg sie in eine Tortenform und laß sie backen.

FÜR 6 PERSONEN ALS HAUPTGERICHT:

1	Gans (3000–3500 g)
4	dünne Scheiben geräucherter fetter Speck
	Garn und Nadel zum Zunähen
	Salz, Pfeffer

Pastetenteig:

1500 g	Mehl
9	Eier
150–175 g	Schmalz
1–2 dl	Wasser
15 g	Salz
	Fett für das Backblech

Füllung:

750 g	Birnen (oder: 250 g Birnen und 500 g säuerliche Äpfel)
2	Zitronen oder Limonen
2 TL	Ingwer
1 TL	Pfeffer (schwarz und weiß)
1 TL	geriebene Muskatnuß
1 TL	Nelkenpulver (im Mörser zerkleinerte Nelken)
2–3 TL	Zimt
1–2	gestr. TL Salz
	etwas gemahlener Kümmel
125 g	durchwachsener geräucherter Speck

ZUBEREITUNG: Aus Mehl, Eiern, Salz, Schmalz und Wasser nach den Anweisungen im Basisrezept (S. 38) einen Pastetenteig zubereiten. Zwei Stunden kühl stellen.

Die Birnen (und Äpfel) schälen, vom Kerngehäuse befreien und würfeln. Von den Zitronen oder Limonen die gesamte Schale mitsamt dem Weißen entfernen; die Früchte vierteln. Den durchwachsenen Speck würfeln. Alles gut vermischen. Die Gewürze gut vermengen und unter die Früchte und den Speck rühren.

Die gerupfte und ausgenommene Gans innen und außen gut waschen, abtrocknen. In der Mitte des Brustkorbs flach drücken, von innen nicht zu stark salzen und mit der Obst- und Gewürzmischung füllen. Zunähen und außen salzen und pfeffern. Den Ofen auf 200° (Gas: 3) vorheizen.

Auf bemehltem Grund aus dem Teig eine sehr große Platte ausrollen. Die Gans darauflegen. Um die Füße und zwischen die Flügel dünne Scheiben fetten Speck legen. Die Teigränder anfeuchten, den Teig über die Gans schlagen, so daß sie völlig bedeckt ist. Die Teigränder zusammenkniffen. Mit der Brustseite nach oben auf ein gefettetes Backblech setzen und im vorgeheizten Backofen auf der 2. Schiebeleiste von unten 3½ bis 4 Stunden backen.

Zum Servieren den Teig der Länge nach aufschneiden und aufklappen, Fleisch in kleine Portionen zerteilen, mit der Füllung und etwas Teigkruste servieren.

Dazu passen böhmische Erbsen oder Rotkohl und Weichselkirschensauce.

Fleisch

Fleysch an der sonnē gedörrt.
Dürr gesaltz-en fleysch.
Saltz.
Küfleysch.
Kalb fleysch.
Geyssz n fleysch.
Wyder fleysch.

Lob der Kuh

Mancher lobt die Geliebte seines Herzens,
so muß ich im Stillen und öffentlich
beklagen, daß man gute Glocken
den Tugendlosen läutet.
Man läutet für die alten Frauen,
wenn sie sterben:
das ist ein großer Verdruß.
Man sollte lieber für die gute Kuh
fleißig läuten;
die gibt die weiße Milch,
die frische und die geronnene,
die man sich gesalzen
aufhebt im Haus.
Daraus werden auch gute Käse gemacht,
dicke und dünne Molke,
das lieben die Kinder.
Für Milch, Mus und Brei
ist es ein guter Schlachtruf,
wenn man schreit: es ist fertig!
Darüber freut sich manch einer.
Dazu die frische Butter:
Zwischen Bologna und Salerno
fand man sicherlich nie
etwas Besseres zu essen als die.
Schöne Leckerbissen begleitet sie,
die man auf die Rüben legt,
damit kann man die Leute schön verwöhnen.
Mit Unschlitt aber leuchtet man;
aus dem Hirn macht man Würste;
aus der Stirn werden
zehn Häute für Dreschflegel.

Der König vom Odenwald

Kalbsrollbraten

Ein köstliches Gericht aus der hinteren Kalbskeule

Schneide hinten an der Keule das magere Fleisch heraus, mach es schön länglich und dünn, klopfe es gut mit dem Rücken eines Messers, doch so, daß es nicht zerreißt. Schütte Salz und Fenchel darauf, dann Majoran und Petersilie, gut mit Speck vermischt. Streu Gewürz über das geschnittene und ausgebreitete Kalbfleisch, wickel es zusammen, steck es an einen Bratspieß und brate es. Laß es aber nicht zu trocken werden. Wenn es gar ist, trag es auf. Dann hast du einen schmackhaften kleinen Braten, der nährt gut und kräftigt; es geht nicht viel davon verloren – es wird alles in Fleisch und Blut umgesetzt.

FÜR 6 PERSONEN

1500 g	mageres Fleisch aus der hinteren Kalbskeule (eventuell aus der Nuß)
125 g	durchwachsener geräucherter Speck
	Fenchelsamen
	Majoran
1 Bd	Petersilie
	Salz
	Pfeffer
50 g	Butter
1	Rollbratennetz

ZUBEREITUNG: Das Fleisch flachklopfen, ohne es zu zerreißen. Die Gewürze (nicht sparsam!) und den feingewürfelten Speck daraufstreuen, zusammenrollen, mit einem Rollbratennetz überziehen und am Spieß auf dem vorgeheizten Grill ca. 1½ Stunden grillen; dabei den Bratensaft auffangen. Zwischendurch mit Butter und Bratensaft bepinseln.

Kalbsnierenbraten im Teigmantel

Ein Kalbsnierenbraten in Roggenteig. Überbrüh den Nierenbraten in kochendem Wasser und säubere ihn. Vermisch Pfeffer und Salz und bestreu den Braten damit. Schlag ihn danach in einen Roggenteig, back ihn drei Stunden im Ofen. Und wenn es danach abgekühlt ist, so ist es ein herrliches Gericht.

FÜR 4 PERSONEN

Teig

250 g	Roggenmehl
2	Eier
25 g	Schweineschmalz
2–3 EL	Wasser
1	Prise Salz
1	Eiklar

Braten

1	Kalbsnierenbraten (gerollt)
1 TL	Salz
½ TL	Pfeffer
3	Knoblauchzehen

ZUBEREITUNG: Den Kalbsnierenbraten kurz in kochendem Wasser blanchieren. Aus Roggenmehl, Eiern, Schweineschmalz, Wasser und Salz nach den Anweisungen im Basisrezept (S. 38) einen Pastetenteig herstellen, 2 Stunden kühl ruhen lassen.

Den Backofen auf 200° vorheizen. Den Teig auf einer bemehlten Arbeitsfläche ausrollen (das erfordert einige Anstrengung). Die Knoblauchzehen schälen und durch die Knoblauchpresse drücken, mit Pfeffer und Salz vermischen und den Braten von allen Seiten damit einreiben. Den Braten auf den ausgerollten Teig setzen und darin einschlagen; die Nahtstellen mit Eiklar anfeuchten und gut verschließen. Auf ein gefettetes Backblech setzen und auf der 2. Schiene von unten in den vorgeheizten Backofen schieben. In ca. 1½–2 Stunden gar backen.

Dazu passen Knoblauch-Salbei-Sauce (besonders gut), Minzsauce, Schwallenbergs Sauce, Sauce zu weißen Hühnern oder Grüne Sauce sowie Erbsen auf höfische Art, Pomeranzengemüse oder Feigenpfeffer.

Kalbfleischklößchen

Frühe Vorläufer der Königsberger Klopse finden sich im *Alemannischen Büchlein von guter Speise*, allerdings noch ohne die für dieses Gericht typische säuerliche Nuance:

Kügelchen aus Kalbfleisch

Kügelchen aus Kalbfleisch mach folgendermaßen: Nimm von dem Fleisch und Brot und wenig Eier, damit es dadurch hafte, und hack das und würz es und mach runde Kügelchen wie Küchlein und gib sie in kochendes Wasser und laß sie gut kochen. Und servier sie trocken mit Petersilie oder mit einem Sößlein oder back sie in Fett aus und servier sie in einer Pfefferbrühe.

Für 4 Personen

500 g	Kalbfleisch	½ l	Fleischbrühe
2	Weizenbrötchen	1 Bd	Petersilie
2	Eier	40 g	Mehl
1	Zwiebel	40 g	Butter
	Pfeffer, Salz	1–2	Eigelb

Zubereitung: Das Kalbfleisch durch die feinste Scheibe des Fleischwolfs drehen oder im Cutter pürieren. Die Brötchen einweichen, gut ausdrücken, ebenfalls pürieren. Die Zwiebel schälen, in feine Würfel schneiden. Das Fleisch mit dem Brötchen, den Eiern und den Zwiebeln vermischen, mit Pfeffer und Salz abschmecken. Aus der Fleischteigmasse kleine Klöße formen und in der eben kochenden Brühe gar ziehen lassen. Herausnehmen und warm stellen. Die Brühe durchseihen.

Der erste Vorschlag des Rezepts, die Klößchen nur mit Petersilie bestreut zu servieren, ist nur empfehlenswert, wenn man dazu eine andere Sauce reicht, z. B. Minzsauce, Schwallenbergs Sauce, Sauce zu weißen Hühnern. Die Klößchen sind sonst ziemlich trocken.

Man kann aber auch eine Petersiliensauce dazu reichen. Dazu benutzt man die oben angegebenen Zutaten wie folgt: Die Petersilie fein hacken. Aus Butter und Mehl eine helle Schwitze bereiten, mit der durchgeseihten Brühe ablöschen, mit einem oder zwei aufgeschlagenen Eigelben binden. Nötigenfalls mit Pfeffer und Salz abschmecken; die gehackte Petersilie hineinstreuen und über die Fleischklöße gießen.

Dazu paßt Reis.

Tip: Anstatt die Klößchen in siedendem Wasser gar ziehen zu lassen, kann man sie auch in der Pfanne braten, wie der letzte Vorschlag des Originalrezepts angibt. Dazu passen als Saucen Agraz, Codiment, Knoblauch-Salbei-Sauce oder Sauce zu roten Hühnern.

Allgemeines über Ochsenfleisch

Unter dem Begriff «Ochse» fasse ich Farren (= Jungstiere) oder Stiere, Kühe und Kälber usw. Ochsen sind dem Menschen früher von großem Nutzen gewesen, zur Arbeit, zum Ackern und zum Fahren, ebenso mit Milch, Käse und Leder für die Schuhe und anderem mehr. Deshalb wurde bei den Alten die Todesstrafe gleichermaßen über den verhängt, der ohne Grund einen Ochsen, und über den, der einen Menschen erschlagen hatte. Es sind etliche bei den Römern in die Fremde gejagt worden, die einen Ochsen erwürgt hatten, gerade als hätten sie einen Bauern erwürgt. Die Ägypter haben einen Ochsen als Gott angebetet, den sie Apis nannten, das war ihr höchster Gott. So schien es richtig, daß das Tier wegen seiner Nützlichkeit und seiner Unschuld würdig wäre, für einen Gott gehalten zu werden. Wenn der Stier die Kuh reitet, so gebiert sie in zehn Monaten und vermehrt die Herde und den Nutzen des Menschen. Wenn die jungen an den Kühen saugen, nennen wir sie Kälber. Die kauft der Metzger und sticht sie ab. Man schlachtet auch die Ochsen, wenn sie am Pflug untauglich werden, und Kühe, wenn sie nicht mehr tragen. Rindfleisch ist von Natur kalt und trocken, wird schwer verdaut und (muß lange) gekocht (werden); es ergibt grobe, trübe und schwermütige Nahrung und disponiert den Menschen für Räude, Aussatz und Fieber. Kalbfleisch ist gesünder, denn es ist (in der Zusammensetzung seiner Primärqualitäten) ausgewogener. Das braucht man am meisten bei großen Herren.

Eine recht späte Form des Ofens ist der hochgemauerte Steinofen, in welchem dem Feuer Luft von unten zugeführt wird und über den der Koch sich nicht mehr zu bücken braucht. Auf dem Ofen steht rechts neben zwei vasenförmigen Gefäßen ein dreifüßiger Topf, ein sogenannter Grapen. Mit einem großen Schöpflöffel macht sich der Koch an die Arbeit. Einige langstielige Pfannen hängen über dem Herd, wo sie aufgrund der trockenen Hitze am besten vor dem Rosten geschützt sind.

«Frauenessen» (Kuheuter)

Willst du ein Gericht für Frauen machen, so koch das Euter einer Kuh in nicht allzuviel Brühe. Und nimm die Hälfte dieser Brühe und zwei Scheiben Weißbrot und röste die auf einem Rost und streich sie zusammen mit drei Eierdottern und der Brühe durch ein Tuch. Und schneide das Euter in Scheiben und röste die auf einem Rost und schneide sie dann klein. Die Brühe, in der das Euter gekocht wurde, fülle in eine Schüssel und tu Ingwer und Safran daran. Und wenn sie recht dünn wird, ist sie richtig.

FÜR 4 PERSONEN

1500 g	Euter	2	Wacholderbeeren
2 l	Fleischbrühe	2 St	Ingwer
2	Möhren	50 g	Schmalz
1	Petersilienwurzel	1–2	Scheiben Weißbrot
10	Pfefferkörner	2	Eigelb
1	Lorbeerblatt	1	Port. Safran
1	Nelke		Ingwerpulver
1	Prise Muskatnuß		Pfeffer

ZUBEREITUNG: Das Euter 3–4 Stunden gut wässern. Die Möhren und die Petersilienwurzel putzen und in Scheiben schneiden, die Fleischbrühe mit den Möhren, der Petersilienwurzel und den Gewürzen zum Kochen bringen, das Euter darin weichkochen (gut 3 Stunden). Herausnehmen, die Brühe aufbewahren; die Haut abziehen und das Euter in Scheiben schneiden. Die Scheiben mit wenig aufgelöstem Schmalz bepinseln und auf dem Grill (oder in einer Pfanne) von beiden Seiten braten, leicht salzen. In eine Schüssel legen und warm stellen.

Einen halben Liter der Brühe in einen Topf geben und erhitzen, die Weißbrotscheiben hineinbröseln, die Eigelbe unter ständigem Rühren hineingeben und die Brühe damit binden. Die Sauce mit Safran, Ingwerpulver und Pfeffer abschmecken und auf die Euterscheiben gießen.

Rinderzunge

Im *Alemannischen Büchlein von guter Speise* ist ein Rezept überliefert, das der «Pökelzunge Nelson» sehr ähnelt:

Willst du ein gutes Gericht machen

Willst du ein gutes Gericht aus einer Rinderzunge machen, so nimm eine gute Rinderzunge und schneide sie hinten ab und koch sie richtig. Und wenn sie gar gekocht ist, so nimm sie heraus und laß sie abkühlen und häute sie fein säuberlich und schneide sie dann in kleine Stücke und leg die auf ein Rost und laß sie darauf trocknen. Und sieh zu, daß du Butter in einer Pfanne hast, und röste Zwiebeln darin schön gar, und tu Wein und Essig hinein und würz es dann mit guten Gewürzen. Und leg die gebratenen Scheiben in Eierpfannkuchen und gieß das Gewürz darüber und servier sie.

Für 4 Personen

1	kleine, leicht gepökelte Rinderzunge		Pfeffer
4–5	schwarze Pfefferkörner		Salz
1	Lorbeerblatt	100 g	Mehl
40 g	Butter	1/4 l	Milch
2	Zwiebeln	2	Eier
2 EL	Weißwein	1	Prise Salz
2 EL	Balsamessig		Butter zum Abbacken

Zubereitung: Die gepökelte Zunge einige Stunden wässern. Dann in 2–2 1/2 l Wasser mit den Pfefferkörnern und dem Lorbeerblatt in gut 2 1/2 Stunden gar kochen, mit kaltem Wasser abschrecken, häuten und in Scheiben schneiden. Die Zwiebeln schälen, fein hacken und in der Butter glasig dünsten, mit Wein und Balsamessig ablöschen, mit Pfeffer und Salz abschmecken und ein wenig eindünsten. Unterdessen aus Mehl, Milch, Eiern und der Prise Salz wenigstens vier dünne Pfannkuchen backen, warmstellen. Die Zungenscheiben auf dem Grill kurz anrösten, auf die Pfannkuchen legen, mit der Zwiebelfarce begießen, die Pfannkuchen zusammenfalten und servieren.

▷ *Der Teppich von Bayeux hält fest, wie sich nach der Schlacht von Hastings 1066 und damit geglückter Eroberung Englands Wilhelm, der Herzog der Normandie, umgeben von seinen Brüdern und seinen Baronen, ein Festmahl servieren läßt, das vom Bischof gesegnet wird. Es besteht aus Broten und Fischen sowie einer Suppe im ersten Gang (zwei der Tischgenossen heben gerade eine Schale an den Mund). Links werden Hähnchen am Spieß gebraten, die sicher zum zweiten Gang serviert werden.*

ECERVNT: PRANDIVM:

HIC EPISCOPUS CIBU ET
PV BE NE DIC IT

Ochsenschwanzragout

Eingelegten Ochsenschwanz setz in Wasser aufs Feuer und laß ihn gar kochen. Heb die Brühe davon auf, so wird es wohlschmeckend. Sodann nimm gelbe Rüben, schabe sie und schneide sie klein, blanchiere sie in Wasser und laß sie abkühlen. Nimm danach ein wenig ungesalzenen Speck und Zwiebeln, hack dies zusammen mit grünen Kräutern. Laß den Schwanz damit kochen, tu gestoßenen Pfeffer dazu, so wird es gut und wohlschmeckend.

FÜR 4 PERSONEN

1,5 kg	Ochsenschwanz (vom Metzger in Stücke hacken lassen)
30 g	Rindertalg
1–2	Markknochen
150 g	ungeräucherter, durchwachsener Speck
2	mittelgroße Zwiebeln
1 Bd	Suppenkraut (Sellerie, Lauch, Möhre, Petersilie)
1	Lorbeerblatt
350 g	junge Möhren
¼ l	Fleischbrühe
2	Glas kräftigen Rotwein (ev. Portwein oder Madeira)
1	Brötchen
2–3	Sellerieblätter
1 Bd	Petersilie
1 TL	Kerbel
	Pfeffer
	Salz

ZUBEREITUNG: Suppenkraut und Zwiebeln putzen und kleinschneiden. Den Speck in feine Würfel schneiden. Rindertalg in einem Bräter auslassen, erst die Speckwürfel und dann Ochsenschwanzstücke kräftig darin anbraten. Das Fleisch pfeffern und salzen. Hitze reduzieren. Suppenkraut, Selleriekraut und Zwiebeln hinzufügen und kurz mit anbraten. Mit Fleischbrühe ablöschen, Lorbeerblatt hinzufügen und 1 bis 1½ Stunden köcheln lassen. Nach etwa 1 Stunde die geputzten Möhren sowie die Markknochen hinzugeben. Die Markknochen nach 10 Minuten herausnehmen, das Mark herauslösen, in Scheiben schneiden und beiseite stellen. Nach 20 Minuten die Möhren herausnehmen und in grobe Scheiben oder kleine Stücke schneiden; beiseite legen. Wenn das Fleisch gar, aber noch von fester Konsistenz ist, die Ochsenschwanzstücke aus dem Sud nehmen, das Fleisch vom Knochen lösen, kleinschneiden und beiseite stellen. Die Brühe völlig erkalten lassen; dann das Fett von der Brühe nehmen. Die Brühe erneut aufsetzen, 2 Glas Rotwein hinzufügen. Das Brötchen zerpflücken und in die Brühe geben, kurz aufkochen lassen. Durch ein Sieb schlagen, wieder zum Feuer setzen und auf etwa die Hälfte reduzieren. Sellerieblätter fein hacken. Möhrenscheiben oder -stücke, Fleisch und Markstücke wieder hineingeben, mit gehackter Petersilie, Sellerieblättern und Kerbel bestreuen und heiß servieren.

Dazu passen Fladenbrote oder Teigwaren.

Lammpastete mit Limonen (Zitronen)

Lämmerviertel, in Pasteten einzumachen, schön warm mit Limonen, oder kalt, das ist auch nicht schlecht. Du kannst es auch eindämpfen und einmachen, entweder gefüllt oder nicht.

FÜR DIE LAMMPASTETE FÜR 4 PERSONEN

Teig

250 g	Mehl
2	Eier
25 g	Schweineschmalz oder Butter oder Margarine
2–3 EL	Wasser
1	Prise Salz
	Fett für die Form
1	Eigelb zum Bepinseln

Füllung

1 St	entbeinte Lammbrust (ca. 750 g)
50 g	Schmalz
	Pfeffer
	Salz
	Thymian
1 Tasse	Rinderbrühe
3	Limonen
	einige Blätter frischen Salbei

ZUBEREITUNG: Aus den Zutaten für den Teig nach den Anweisungen im Basisrezept (S. 38) einen Pastetenteig herstellen, 1 bis 2 Stunden kühl ruhen lassen. Unterdessen die Lammbrust würfeln, in Schmalz kräftig anbraten, pfeffern und salzen und mit einem Hauch Thymian bestreuen. Mit Brühe ablöschen und 25 Minuten köcheln lassen. Inzwischen die Limonen so schälen, daß die weiße Haut völlig entfernt wird. Das Fruchtfleisch in Spalten aus der Haut lösen. Die Salbeiblätter feinhacken.

Den Backofen auf 200° vorheizen. ⅔ des Pastetenteigs für den Boden ausrollen, in eine gefettete Springform (26 cm ∅) legen. Aus dem Rest des Teigs den Deckel ausrollen und einige Verzierungen (Blätter, Blüten oder ähnliches) formen, die mit etwas Eiweiß auf den Deckel geklebt werden. Das Lammragout mit den Limonenspalten und dem gehackten Salbei vermischen und in die Pastetenform füllen. Den Deckel darüber legen, zwei Löcher hineinschneiden, damit der Bratendampf entweichen kann. Mit Eigelb bepinseln. Auf die mittlere Schiebeleiste des Backofens stellen und in ca. 25 Minuten gar backen.

Oculi animalium
Oculi cplo. ca. 7 hu. in 2°. Electio mediocrit' eminetes. iuua. adiuuant in spmate. Nocumitum
faciunt abominatiões. Remo. nocti. cum origano 7 sale. aut salsa fca ex pipe. 7 pillo sale 7
aceto. Quid gnant sanguinē flaticum. Coueniunt mag. ca. iuuenibz hyeme 7 frīs regioibz
Rufus ait. Ex mbris animalium masculi sut laudabiliores 7 maxie eorū medietas. 7 caro
linguarum bonum pstant nutrimitum 7 mediocre: - -

Böhmisch-ungarisches Lammragout

Gekochtes Lammfleisch. Nimm das Fleisch und hack es in kleine Stücke, und leg es in Wasser, daß es weiß wird. Und wenn es gesäubert ist, so setze es auf und blanchiere es mit Wasser. Und wenn du es blanchiert hast, so säubere es (nochmals). Und wenn es vollends gesäubert ist, gieß eine Rindfleischbrühe darüber, laß es gar kochen. Nimm danach etwa 20 Eidotter und dazu klaren Wein und ein wenig Essig, Safran und Zimt. Machs süß mit Zucker. Nimm das alles miteinander und setz es auf ein Feuer und rühr es mit einem eisernen Löffel auf und nieder, ohne abzusetzen, bis es eben stockt. Danach tu (das Fleisch) auf einen Durchschlag, daß die Brühe abtropft, richte es in einer Schüssel an und gieß die gelbe Brühe darüber und schäum den Schaum oben etwa drei Finger dick ab. So trägt man es schnell zu Tisch, bevor der Schaum zusammenfällt. Und dies ist eine schöne, feste Speise und heißt auf Ungarisch und Böhmisch «Schuffen». Und wenn du eine solche Brühe machen willst, mußt du geschwind und schnell arbeiten.

FÜR 4 PERSONEN

750 g	mageres Lammfleisch (Nacken oder Keule)
½ l	Rinderbrühe (Instant)
6–10	weiße Pfefferkörner
1	kleines Lorbeerblatt
6	Eigelbe
50 g	Puderzucker
2 dl	Weißwein
1 TL	Himbeeressig
1	Portion Safran
1	Prise Zimt

ZUBEREITUNG: Das Lammfleisch würfeln. Die Rinderbrühe zum Kochen bringen, Lammfleisch mit Pfefferkörnern und Lorbeerblatt hinein geben, auf kleiner Flamme etwa 1 Stunde garen. Das Fleisch, wenn es gar ist, aus dem Sud nehmen, auf einem Sieb abtropfen lassen, in einer Schüssel anrichten und warmstellen. Eigelbe mit Zucker, Safran und Zimt in einer Metallschüssel mit dem Schneebesen verrühren. Die Schüssel in ein Wasserbad setzen, unter ständigem Rühren tropfenweise den Wein und den Essig hinzufügen und zu einem Weinschaum aufschlagen. Den Weinschaum über das Lammfleisch geben und sofort servieren. Sehr gut dazu paßt Reis.

Ein Paar ist damit beschäftigt, Tieraugen mit einer Essigsauce anzumachen und so für den Verzehr vorzubereiten. Das Bild stammt aus der Wiener Bilder-Handschrift des «Tacuinum sanitatis» (vgl. Abb. S. 105). Die lateinische Bild-Unterschrift lautet in Übersetzung: Complexion: warm und feucht im 2. Grad. Vorzuziehen: etwas hervorstehende. Nutzen: Sie vermehren das Sperma. Schaden: Sie rufen Ekel hervor. Verhütung des Schadens: mit Wohlgemut und Salz, oder mit einer Sauce, die aus Pfeffer und Thymian, Salz und Essig bereitet wird. Was sie erzeugen: phlegmatisches Blut. Besonders zuträglich: für Menschen mit warmer Complexion, im Winter, in kalten Gegenden. Rufus sagt: Von den Gliedern der Tiere sind die vom männlichen besser, und besonders die Mitte von ihnen und das Fleisch der Zungen bieten guten und mittelmäßigen Nährstoff.

Gefülltes Spanferkel

Ein gebratenes, gefülltes Spanferkel

Ein gebratenes, gefülltes Spanferkel mach folgendermaßen: Nimm ein drei Wochen altes Ferkel und brüh es ab. Laß es abkühlen und zieh ihm die Borsten vollständig aus, ohne es (d. h. die Haut) zu verletzen. Und laß ihm die Haut unten am Bauch. Und löse etwas Fleisch und die Beinknochen und alle Eingeweide heraus, außer den Klauen, die es unten an den Füßen hat. Und nimm von dem Fleisch, das herausgelöst wurde, soviel wie zwei Eier und koch es fast gar. Und nimm dann dieses Fleisch und Speck und hack beides. Tu rohe Eier dazu und eine Scheibe Brot und Petersilie und salze es mäßig. Und fülle damit das Ferkel, aber nicht allzu voll, und füll auch vorn das Maul, und leg das Ferkel vorsichtig in einen großen Topf und laß es aufkochen, so daß die Haut nicht platzt. Dann nimm es und leg es auf einen hölzernen Rost und brate es auf niedriger Flamme. Wenn es dann (gar) gebraten ist, nimm ein Brett und leg es auf eine Schüssel, befestige auf dem Brett vier Stöckchen und verkleide das Brett mit einem Eierpfannkuchen, und setz das Ferkel darauf, umhülle es ebenfalls mit einem Pfannkuchen und laß die Ohren und die Schnauze heraussehen und trage es auf.

FÜR 4 PERSONEN

Pfannkuchenteig

400 g	Mehl
1 l	Milch
8	Eier
2 Msp	Salz
100 g	Butter oder Schmalz zum Ausbacken
4	kräftige Holzstöckchen von der Länge der Ferkelbeine

Ferkel und Fülle

1	Spanferkel
	Leber des Spanferkels oder
100 g	Kalbsleber
100 g	vom Spanferkelfleisch
¼ l	Fleischbrühe
1	Zwiebel
1 EL	gehackte Petersilie
100 g	durchwachsener Speck
2	(Milch-)Brötchen
1	Prise Muskatnuß
	Salz
	Pfeffer
	Saft ½ Zitrone
3	Eier
150 g	Butter zum Begießen

ZUBEREITUNG: Das Spanferkel vom Metzger fachgerecht ausnehmen und entbeinen lassen, dabei darauf achten, daß die Klauen erhalten bleiben. Für die Fülle 100 g Spanferkelfleisch in feine Würfel schneiden und in der Fleischbrühe 20 Minuten kochen. Unterdessen die Zwiebel schälen und fein würfeln; die Brötchen in Wasser einweichen und ausdrücken; den durchwachsenen Speck würfeln, auslassen und die Ferkelleber oder Kalbsleber darin anbraten, die Zwiebelwürfel und das gewürfelte, gekochte Fleisch hinzufügen. Die Leber zerdrücken. Petersilie, den Zitronensaft und die zerzupften Brötchen hinzugeben. Kräftig mit Pfeffer und Salz und vorsichtig mit Muskatnuß abschmecken. Die Eier hinzufügen und mit der Fülle stokken lassen. Die Farce in das Spanferkel füllen; das Ferkel aber nicht zu voll füllen, damit es beim Braten nicht aufplatzt. Das Ferkel zunähen.

In einem großen Bräter 3 l Wasser mit 1 El Salz zum Kochen bringen; herunterschalten, das Spanferkel hineingeben und bei geringer Hitze gut 1 Stunde garen. Unterdessen den Backofen auf 210° vorheizen. Das Spanferkel aus dem Sud nehmen, trockentupfen und auf dem Rost, den man auf die Saftpfanne legt, auf der 2. Schiebeleiste von unten in den Backofen schieben. Etwa 60 Minuten braten; dabei zwischendurch mehrfach mit flüssiger Butter übergießen.

Unterdessen kurz vor Ende der Bratzeit aus Mehl, Milch, Eiern und Salz nach den Anweisungen im Basisrezept (S. 37) einen Pfannkuchenteig herstellen und in heißer Butter dünne Pfannkuchen ausbacken. Das Ferkel mit Hilfe der Holzstöcke auf einem großen Holzbrett aufstellen, das Holzbrett und das Ferkel mit den Pfannkuchen bedecken, dabei für die Ohren und die Augenöffnungen Löcher hineinschneiden. Sofort servieren.

Dazu passen Agraz, Schwallenbergs Sauce, Sauce zu roten Hühnern, Sauce zu weißen Hühnern oder Weichselkirschen-Sauce.

Wild

Bismaguard/vnd Sambusuch.
Mnducas tate.
Tabegeth.
GeröstS.
Verdämpfft.
Gebratens vff kolen.
Gebraten am spisz.

EIN SELTSAMER LIEBHABER

Obwohl die Edelfrau in laute Klagen ausbrach,
kümmerte er sich nicht darum, was sie sagte,
sondern er zwang ihre Lippen an die seinen,
preßte sogleich danach die Herzogin heftig an sich
und entriß ihr auch einen Ring.
Als er an ihrem Hemd eine Brosche entdeckte,
riß er sie mit Gewalt ab.
Die Dame war nur eine schwache Frau,
ihr kam seine Stärke wie die Macht eines ganzen Heeres vor.
Dennoch kam es zu einem heftigen Ringen.
Danach klagte der Knabe über Hunger.
Die strahlend schöne Frau
rief: ‹Ihr sollt aber nicht mich essen!
Wäret ihr verständig und wüßtet, was gut für euch ist,
so nähmet ihr andere Spreise.
Dort stehen Brot und Wein
und auch zwei junge Rebhühner,
wie sie ein Hoffräulein brachte,
die allerdings dabei nicht an euch dachte.›
Er kümmerte sich nicht darum, wo die Gastgeberin saß:
er schlug sich den Magen tüchtig voll,
danach trank er in langen Zügen.

Wolfram von Eschenbach, «Parzival»

Wie Wildbret gewürzt werden soll

Merke dir, an welches Wildbret man Gewürze in den Topf tun soll oder nicht. An alles Wildbret soll man Gewürz machen und sowohl an das Fleisch als auch in das Gefäß tun: Zu einem gebratenen Reh oder gekochten Hirsch, zu dem setzt man es separat, in eine andere Schüssel. Aber zu Hasen, zu Eichhorn und zu Vögeln, die alle begießt man mit dem Gewürz. An den Hasen, das merke man sich, soll kein Pfeffer und keine Gewürzsauce, die man extra zu dem Wildbret haben will, denn das Wildbret ist sehr salzig.

Rehbraten im Teig

Willst du ein Reh braten, spick es gut, bestreu es gut mit Salz, tu Ingwer und Pfeffer darauf. Umhülle es gut mit Eierkuchenteig wie für Krapfen. Laß es in einem Ofen von beiden Seiten backen. Prüfe, ob es genug gebraten sei. So kannst du auch einen Hasen zubereiten.

FÜR 4–6 PERSONEN

Teig

3 EL	trockener Weißwein
2 EL	Honig
300 g	Weizenmehl
6	Eigelbe
	Salz
70 g	Butter
3 EL	Sahne
1	Eiklar

Braten

1	Rehbraten (ca. 1 kg aus der Keule, gespickt)
	Pfeffer
	Salz
2 St	Ingwer (oder 2 TL Pulver)
4	Wacholderbeeren
2 Msp	Macis

Backpapier

ZUBEREITUNG: Aus den Zutaten für den Teig nach den Anweisungen im Basisrezept (S. 36) einen Krapfenteig herstellen und auf einer bemehlten Fläche zu einer großen Platte ausrollen. Den Backofen auf 200° vorheizen. Den Ingwer schälen und fein würfeln, die Wacholderbeeren im Mörser zerdrükken. Den Rehbraten zunächst von der Oberseite kräftig pfeffern und salzen, mit Ingwer, zerstoßenen Wacholderbeeren und Macis bestreuen, mit dieser Seite auf die Teigplatte setzen. Nun die Unterseite ebenso würzen. Den Teig über den Braten schlagen, an den Rändern mit Eiklar befeuchten und zusammendrücken; dabei beachten, daß die Teighülle völlig geschlossen wird. Backpapier auf ein Kuchenblech legen, den Braten mit der Seite, die zuletzt oben lag, auf das Backpapier setzen. Auf der mittleren Schiene in den Backofen schieben und 70–80 Minuten backen. Wenn der Teig beginnt, dunkel zu werden, mit Alufolie abdecken.

Zu dem Rehbraten im Teig paßt Agraz, Schwallenbergs Sauce, Weichselkirschensauce, Sauce zu weißen Hühnern. Auch Mus von roten Rosen paßt gut dazu.

Rehragout

Eine Sauce für Rehfleisch

Nimm das Rehfleisch, salz es mäßig, laß es kochen. Tu Petersilie darauf und Salbei und gehackten Speck; wenn er gar gekocht ist, so nimm Rinde von Roggenbrot, Ingwer, Pfeffer, Essig. Mach darauf eine Sauce, laß es damit aufkochen und trag es auf.

Für 4 Personen

750 g	Rehfleisch
1 l	Buttermilch
	Salz
75 g	durchwachsener Speck
10 g	Schmalz
1 EL	Mehl
1 Bd	Petersilie
3–4	Blätter Salbei
2	Scheiben Roggenbrot
3 dl	Brühe
1 St	Ingwer
	Pfeffer
2 EL	Essig

Zubereitung: Für Ragout verwendet man die Teile, die sich nicht als Bratenstücke eignen. Sie müssen aber, wenn sie nicht sehr abgehangen sind, ebenfalls gebeizt werden, weil sie sonst hart und zäh werden. Das Rehfleisch putzen und häuten, in mundgerechte Stücke schneiden und 24 Stunden in Buttermilch beizen. Abspülen, trocken tupfen. Den durchwachsenen Speck würfeln und mit dem Schmalz in einem Bräter auslassen, das Mehl darüber streuen und leicht bräunen lassen. Dann das Fleisch hineingeben, kräftig anbraten, sparsam salzen. Die Petersilie und die Salbeiblätter fein hacken, zum Fleisch geben und mit der Brühe ablöschen. Bei geringer Hitze etwa 45 Minuten schmoren. In der Zwischenzeit den Ingwer schälen und reiben oder in sehr feine Würfel schneiden und zusammen mit der zerbröselten Rinde vom Roggenbrot in den Sud geben. Mit Essig, Pfeffer und Salz abschmekken.

Wildragout

Willst du ein Gericht von Wildbret machen, so nimm zur Hälfte mageres und zur Hälfte fettes Fleisch und hack es klein und mach einen Pfeffer wie zu Wildbret und etwas dünner. Und wenn es kocht, so tu Honig und Lebkuchen hinein und würz es mit gutem Gewürz, so ist es gut und richtig.

FÜR 4 PERSONEN
600–750 g Wildfleisch

Für die Beize

4 dl	Wasser
½ TL	Salz
1	kleine Möhre
1 St	Sellerie
½	Petersilienwurzel
1	in Ringe geschnittene Zwiebel
1	Prise Muskatnuß
2–3	Wacholderbeeren
3	schwarze Pfefferkörner
1	Prise Fenchelsamen
1	Prise gemahlener Kümmel
1 kl.	Lorbeerblatt
1 dl	Essig
1 dl	trockener Rotwein

Für die Sauce

2 TL	Butter
1–2 EL	Mehl
1 cl	Rotwein
1	Elisenlebkuchen
2–3 EL	Honig
2	Wacholderbeeren
5–6	schwarze Pfefferkörner
	Salz
1	Prise Fenchelsamen
3 El	crème épaisse

ZUBEREITUNG: Das Wasser salzen; Möhren, Sellerie, Petersilienwurzel putzen, in kleine Stücke schneiden; Zwiebel in Ringe schneiden; alles zusammen mit 1 Prise Muskatnuß, 2–3 Wacholderbeeren, 3 schwarzen Pfefferkörnern, je einer Prise Fenchelsamen und Kümmel sowie einem Lorbeerblatt aufkochen. Dann den Essig und den trockenen Rotwein hinzufügen, nochmals aufkochen, völlig erkalten lassen und über das geputzte, gehäutete und in mundgerechte Stücke geschnittene Wildfleisch gießen. 24 Stunden in der Beize stehen lassen. Dann das Lorbeerblatt herausnehmen. Das Wildfleisch in ½ l der Beize aufkochen und etwa 1 Stunde garen lassen, abgießen, dabei den Sud auffangen; warmstellen. Aus Butter und Mehl eine dunkle Schwitze bereiten, mit dem Sud ablöschen; Rotwein hinzufügen und den Elisenlebkuchen hineinbröseln. Den Honig hineinrühren; mit den im Mörser zerdrückten Wacholderbeeren und Pfefferkörnern sowie dem Fenchelsamen abschmecken. Zum Schluß die crème épaisse einrühren und die Sauce über das Fleisch geben.

Dazu passen Teigwaren, Reis oder Fladenbrote.

Rebhühner

FÜR DEN HEUTIGEN Geschmack ungewohnt ist die Vorstellung, Rebhühner zu kochen; vielleicht muß man bei dem aus der Grazer Handschrift stammenden Rezept nicht an junge Tiere denken, deren Fleisch zu den Delikatessen zählt, sondern an alte Hühner, die schon ein wenig zäh sind:

Willst du Rebhühner kochen, so nimm Rebhühner und koch sie gut; danach nimm sie aus der Brühe, danach nimm eines heraus und reib Senf mit Honig und tu das hinein (in das Rebhuhn) und tu zerstoßenen Ingwer hinein. Und leg die Rebhühner und schneide sie auf der Brustseite auf oder zerlege sie.

FÜR 4 PERSONEN

4–6	Rebhühner
1½ l	Hühnerbrühe
1 Bd	Suppenkraut (Sellerie, Petersilie, Möhre, Lauch)
1	Petersilienwurzel
1	Prise Muskatnuß
3	schwarze Pfefferkörner
1 kl.	Lorbeerblatt
1	Prise Thymian, gerebbelt
5 EL	Honig
2 TL	Senfpulver
2 St	Ingwer

ZUBEREITUNG: Das Suppenkraut und die Petersilienwurzel putzen und in kleine Stücke schneiden. Zusammen mit 1 Prise Muskatnuß, den Pfefferkörnern, dem Lorbeerblatt und der Prise Thymian in der Hühnerbrühe aufkochen. Die Rebhühner waschen, trockentupfen und in der Brühe in etwa 30 Minuten gar kochen. Kurz bevor sie gar sind, den Honig in einem Topf erhitzen, das Senfpulver und den geschälten und geriebenen Ingwer hineinrühren. Die Rebhühner aus der Brühe nehmen, tranchieren, auf einer Platte anrichten und mit der Honigsauce begießen.

Dazu passen Teigwaren und böhmische Erbsen.

Wachteln

Willst du Wachteln machen, so nimm Wachteln und zerleg sie in vier Teile und leg sie dann in einen Topf und tu Fett daran und laß sie darin gut braten und gieß ein wenig Wein oder Essig daran und tu Safran daran.

Für 4 Personen als Vorgericht

4	Wachteln
	Pfeffer
	Salz
100 g	Butter (oder 75 g durchwachsener Speck in sehr dünnen Scheiben)
2 cl	Rotwein
½–1	Port. Safran

Zubereitung: Die bratfertigen Wachteln pfeffern und salzen, mit den dünnen Speckscheiben umwickeln, in einem Schmortopf bei mittlerer Hitze etwa 15 Minuten braten; dabei mehrfach wenden. Dann den Speck entfernen und die Wachteln noch 3–5 Minuten bräunen lassen; die Wachteln herausnehmen, halbieren und in einer Schüssel zugedeckt warmstellen. Den Bratenfond mit Rotwein ablöschen, ein wenig reduzieren, mit Safran würzen und über die Wachteln gießen.

Dazu paßt sehr gut die Weichselkirschen-Sauce.

Wachtelmus

Ein Wachtelmus mach folgendermaßen. Koche die Wachteln in einer Fleischbrühe gar, nimm sie heraus und tu sie in einen Mörser. Reib Lebkuchen daran, zerstoß das Fleisch zusammen mit Weißbrot und reib guten Käse hinzu. Treib alles mit der Wachtelbrühe und Wein durch ein Tuch. Tu es in eine Pfanne, erhitze es und schmeck es mit Gewürzen und Salz ab. Streu kurz vor dem Anrichten Ingwer darauf und trag es auf.

Für 4 Personen als Vorgericht

4	Wachteln
½ l	Fleischbrühe
½ Bd	Suppenkraut
1	kleines Lorbeerblatt
1	Elisenlebkuchen
1	Scheibe Toastbrot
50 g	geriebener Parmesan
5 cl	Rotwein
3–4	Blätter Salbei
1 EL	gehackte Petersilie
1 EL	gehackter Sauerampfer
1 TL	Zitronenmelisse
1 TL	Kerbel
2	Wacholderbeeren
	Salz
	Pfeffer
40 g	Butter
1 St	Ingwer (oder ½ TL Ingwerpulver)

Zubereitung: Das Suppenkraut putzen, sehr fein schneiden. Die Brühe mit Suppenkraut und Lorbeerblatt zum Kochen bringen, die küchenfertigen Wachteln hineingeben und 15 Minuten leise kochen lassen. Die Wachteln herausnehmen, entbeinen, das Fleisch im Mixer pürieren; die Brühe durchseihen und aufbewahren. Das Fleisch mit dem Suppenkraut, dem zerbröselten Lebkuchen, dem zerriebenen Weißbrot und dem geriebenen Parmesan vermischen. Die Masse mit Rotwein und wenig Wachtelbrühe geschmeidig, aber nicht zu flüssig machen, mit im Mörser zerstoßenen Wacholderbeeren, Salbei, gehackter Petersilie, gehacktem Sauerampfer, Zitronenmelisse, Kerbel, Salz und Pfeffer würzen. Butter in einer Pfanne zerlaufen lassen, das Wachtelmus hineingeben, 5–10 Minuten auf mittlerer Stufe braten; zwischendurch einmal wenden. Inzwischen den Ingwer schälen, in sehr feine Würfel schneiden. Das Wachtelmus in eine Schüssel füllen und mit Ingwer bestreut servieren.

Dazu passen Fladenbrot und Schwallenbergs Sauce, Sauce zu weißen Hühnern oder Weichselkirschensauce.

Tip: Man kann den Ingwer auch in das Wachtelmus hineingeben.

Schnecken (in Teig ausgebacken, mit Kräutern bestreut)

Schnecken, die auf der Erde und im Wasser sind, kommen aus ihren Häuschen hervor, recken zwei kleine Hörner vorne heraus und ziehen sie wieder ein; sie haben keine Augen, deshalb gehen sie auf dem Weg mit den Hörnchen voran und werden Erdschnecken genannt. Fulvius Lupinus hat in der Tarquiniensischen Gegend und Landschaft einige Zeit vor dem Bürgerkrieg des Pompejus den Schnecken einen Platz, an dem man sie zur Speise und Mästung züchtete, verordnet und angewiesen und beschlossen, ihnen Speise aus Milch, Mehl und gekochtem Wein zuzubereiten. Schnecken sind von mancherlei Gattung. Die weißen wachsen um Reat im Welschland; in Illyrien werden sie sehr groß; in Afrika zahlreich. Man kocht sie auf mancherlei Arten. Zuerst wirft man sie in ein Gefäß, in dem ein wenig Wasser ist; darin läßt man sie einen Tag und eine Nacht liegen, deckt sie zu, damit sie nicht hinauskriechen. Darin werden sie richtig gesäubert. Manche geben ihnen über Nacht Milch zu trinken, die sie reinigen soll. Danach gibt man sie aufs Feuer, läßt sie gut kochen, bis sie völlig aufgehört haben zu schäumen, nimmt sie aus ihren Häuschen, wäscht sie gut in warmem Wasser, danach (werden sie) mit Essig und Salz eingerieben und gesäubert, (man) wäscht sie erneut und legt sie danach in einen Teig und bäckt sie in heißer Butter oder Öl. Man tut danach Balsamkraut, Pfeffer, Knoblauch, Safran darauf, zerstoßen und mit saurem Traubensaft durchgetrieben. Oder sonst mit einer grünen Sauce gekocht, müssen sie etwas frischen Salbei dabeihaben. Sonst ist es ein unnützes Vorgericht, obgleich es, wenn man es allein ißt, sehr nahrhaft ist. Sie sind gut für die Brust und die Lunge und die Leber.

FÜR 4 PERSONEN ALS VORSPEISE

24	Schnecken (aus der Dose)
180 g	Mehl
1/8 l	Weißwein
25 g	Öl
2	Eigelbe
2	Eiklar
1	Prise Salz
1 l	Öl zum Ausbacken
200 g	säuerliche grüne Weintrauben
1 EL	gehacktes Balsamkraut (ersatzweise Salbei)
1	Knoblauchzehe
1	Port. Safran
	Pfeffer
	Salz

ZUBEREITUNG: Zunächst die Trauben waschen und entsaften oder im Mixer zerkleinern und durch ein feines Haarsieb treiben. Wenn man Balsamkraut im Garten hat oder bei einem Kräuterstand auf dem Markt bekommt, dieses fein hacken und zum Traubensaft geben; sonst ersatzweise Salbei verwenden. Knoblauchzehe schälen und durch die Knoblauchpresse treiben und zum Traubensaft geben. Mit Safran, Pfeffer und Salz abschmekken.

Die Schnecken aus der Dose nehmen, abtropfen lassen, dabei den Fond auffangen und 1–2 Eßlöffel davon zur Sauce geben. Aus Mehl, Weißwein, Öl, einer Prise Salz und den Eigelben schnell einen glatten Teig anrühren; die Eiklar zu festem Schnee schlagen und vorsichtig unterheben. Die Schnecken durch den Teig ziehen und im heißen Öl ausbacken. Die Sauce separat dazu servieren.

Gemüse

Reiß. Bonen. Erbßen. Phäseln. Lynsen. Feigbonen. Gesottner Rocken.

SALATGERICHTE IN DER GRALSBURG

Da brachte ein Sohn des Gastgebers
Portulak und Lattichsalat
mit Weinessig angerichtet.
Will man bei Kräften bleiben,
sind solche Gerichte auf die Dauer unzuträglich:
man bekommt davon auch keine schöne Farbe.
Diejenige Gesichtsfarbe verkündet die Wahrheit (über den Menschen),
die man der Nahrung verdankt.
Aufgetragene Schminke auf der Haut
hat nie lautes Lob eingetragen.
Den schönsten Glanz strahlt meines Erachtens
eine Frau aus, deren Herz beständig und treu ist.

Wolfram von Eschenbach, «Parzival»

Erbsen auf höfische Art

HÖFISCH IST AN diesem Rezept für Erbsen vor allem die komplizierte Zubereitungsart:

Willst du ein höfisches Gericht von Erbsen machen, koch die Erbsen in Wasser und häute sie. Gieß die Brühe ab und heb sie auf für aufgewärmte, gewürzte und gegilbte Suppe. Gib die Erbsen in eine saubere Schüssel und püriere sie gut mit einem großen Löffel. Nimm soviele, wie zu einem Essen notwendig sind, und tu sie in eine Pfefferpfanne (auf den Herd) und schlag sie mit der Hand durch (ein Sieb) in eine Schüssel. Halt die Pfanne hoch, so werden die Erbsen gestreut wie große und kleine Regenwürmer. Versuch sie, ganz zu lassen, so daß du sie nicht zerbrichst und sie ebenmäßig in die Schüssel kommen und nicht heraushängen, so laß sie stehen. Und nimm einen guten Wein und koch ihn mit Honig auf, bespreng die Erbsen damit und streu Zucker darauf. Das schmeckt gut, wenn die Erbsen nicht versalzen sind. Darum probier sie zuerst, bevor du die Brühe abseihst und gilbst.

FÜR 4 PERSONEN

300 g	getrocknete, geschälte Erbsen
	Salz
	Pfeffer
2 EL	Weißwein
2 EL	Honig

ZUBEREITUNG: Die Erbsen über Nacht in Wasser einweichen. Mit wenig Einweichwasser aufkochen, salzen und pfeffern, bei schwacher Hitze 2 Stunden gar kochen (im Schnellkochtopf mit einer Tasse Wasser 20–25 Minuten). Das Kochwasser soll verdampft sein. Die Erbsen durch ein Passiersieb (oder Passevite) mit mittelgroßen Löchern direkt in die Servierschüssel treiben; dabei darauf achten, daß die fadenförmige Konsistenz des Pürees erhalten bleibt.

Den Weißwein mit dem Honig in einem kleinen Topf aufkochen, etwas reduzieren und tropfenweise über das Püree gießen.

Böhmische Erbsen

Unter dem Namen «Böhmische Erbsen» finden sich in zahlreichen mittelalterlichen und frühneuzeitlichen Rezeptsammlungen und Kochbüchern sehr verschiedenartige Rezepte; das folgende stammt von der Augsburger Patrizier-Tochter Philippine Welser, die – zunächst heimlich, später dann auch offiziell – mit Erzherzog Ferdinand von Tirol verheiratet war und auf Schloß Ambras lebte. Es scheint mir eines der schmackhaftesten zu sein.

Willst du ein böhmisches Erbsengemüse machen

so nimm enthülste Erbsen und eine gute Fleischbrühe und tu sie in einen Topf, deck sie ab mit einem Tuch, damit der Dampf darin bleibt. So laß sie dämpfen, bis sie weich werden. Dann reib sie gründlich mit einem Reibstein, bis sie schön glatt sind. Danach schlag sie durch einen Durchschlag oder ein Sieb und nimm sie her und mach sie mit einer guten Fleischbrühe an, aber nicht zu dünn, denn es wird beim Kochen auch dünner. Und koch sie gut. Danach nimm frischen Speck, den koche, und wenn er gut gekocht ist, so nimm ihn und schneid ihn in feine Würfel, doch schneid ihn nicht zu fein, daß alles noch beieinander sei; leg ihn in heißes Schmalz und wende ihn ein paar Mal darin um, tu ihn dann heraus und leg ihn mitten in die Schüssel, wenn du die Erbsen angerichtet hast.

Für 4 Personen (als Beilage)

400 g	Erbsen (frisch, tiefgekühlt oder getrocknet; wenn man getrocknete Erbsen verwendet, besser geschälte Erbsen nehmen; es können auch gelbe Erbsen sein)
200 g	geräucherter durchwachsener Speck
¼ l	Fleischbrühe
25 g	Schweineschmalz
	Salz
	Pfeffer

Zubereitung: Getrocknete Erbsen über Nacht einweichen. Die Erbsen zusammen mit dem Speck in der Brühe aufsetzen, mit soviel Wasser auffüllen, daß sie mit Flüssigkeit bedeckt sind. Gar kochen. Wenn man frische Erbsen nimmt, zunächst den Speck ½ Stunde in Wasser kochen, dann die Erbsen dazugeben.

Den Speck herausnehmen. Die Erbsen abgießen, dabei die Brühe auffangen. Ungeschälte Erbsen im Mixer pürieren, dann durch ein Sieb passieren; geschälte gleich durchpassieren. Mit etwas Brühe zu einem schlanken, jedoch nicht zu flüssigen Püree verarbeiten. Mit Pfeffer und Salz abschmekken. Den Speck fein würfeln, in Schmalz kräftig anbraten und über das Erbsenpüree geben.

Wenn man frische oder tiefgekühlte Erbsen verwendet, zunächst den Speck ½ Stunde in Wasser kochen, dann die Erbsen hinzufügen und gar kochen. Mit Pfeffer und Salz abschmecken; das Kochwasser abgießen; den Speck würfeln und in einer Pfanne kräftig anbraten, über die (nicht pürierten) Erbsen geben.

Lauchgemüse

Ein Lauchgemüse

Nimm das Weiße vom Lauch und hack es fein und vermenge es mit guter Mandelmilch und mit Reismehl. Und koch es gar. Auch als Fastengericht gut zu machen mit Mandelmilch und Reismehl vermengt. Und das koch gar und versalze es nicht.

FÜR 4 PERSONEN (ALS BEILAGE)
von 600 g Lauch (Porree) das Weiße

30 g	Reismehl (aus frisch gemahlenem Rundkornreis)
	Salz
	Pfeffer
	Muskatnuß
	Basilikum (und ev. andere Gewürze nach eigenem Geschmack)

Für die Mandelmilch

75 g	Mandeln
¼ l	Wein (oder Wasser mit Wein gemischt)
1 TL	Amaretto (oder einige Tropfen Mandelaroma)
1 TL	Zucker

oder ersatzweise:

¼ l	Milch
50 g	Marzipanrohmasse
1 TL	Amaretto (oder einige Tropfen Mandelaroma)

ZUBEREITUNG: Den Porree gut säubern, in feine Ringe schneiden. Mit dem Reismehl vermischen. Aus Mandeln und Wasser-Wein-Gemisch die Mandelmilch herstellen (ersatzweise die Marzipanrohmasse in der Milch zum Kochen bringen und auflösen lassen); mit Amaretto bzw. Mandelaroma abschmecken. Porree in der Mandelmilch mit den Gewürzen gardünsten.

Morcheln in Mandelmilch

Eine Speise

Wer eine Morchelspeise machen will, der nehme Morcheln und koche sie in Wasser auf und schrecke sie in kaltem Wasser ab. Und kleingehackt tu (er sie) dann in eine dicke Mandelmilch. Und mit Wein gut abgeschmeckt die Mandelmilch und die Morcheln darin aufgekocht. Und tu genügend Gewürze dazu. Und färbe es mit Veilchen und servier es.

FÜR 4 PERSONEN

½ l	dicke Mandelmilch (siehe Basisrezept S. 33)
250 g	Morcheln (frisch oder aus der Dose) oder 3–4 getrocknete Morcheln pro Person
(½ l	Fleischbrühe, ½ l Weißwein)
1	Prise Salz
1	Prise weißer Pfeffer
1	Eigelb
ev. 20 g	kandierte Veilchen

ZUBEREITUNG: Frische Morcheln, die von März bis Mitte Mai wachsen, sind außer bei Spezialhändlern und auf Vorbestellung so gut wie nicht zu bekommen. Man muß daher ersatzweise auf Morcheln aus der Dose oder auf getrocknete Morcheln zurückgreifen. Frische Morcheln sind sehr sandig und müssen daher gründlich gewaschen werden. Getrocknete Morcheln 1–2 Stunden vor Gebrauch einweichen; dazu ½ l Fleischbrühe erhitzen und den Weißwein hinzugeben; den Sud abkühlen lassen und die Morcheln hineingeben.

Nach der Anweisung im Basisrezept (S. 33) eine dicke Mandelmilch herstellen, erhitzen und mit je einer Prise Salz und Pfeffer würzen. Die Morcheln abtropfen lassen, in Ringe schneiden, in die Mandelmilch geben und erwärmen lassen. Ein Eigelb hineinrühren, damit die Mandelmilch etwas andicken, die kandierten Veilchen hinzufügen, hineinrühren und sofort servieren.

Ausgebackene Morcheln

Gebackene Morcheln

Nimm kleine Morcheln und wasch sie ganz sauber und schneid die Stiele ab. Und mach einen dünnen Teig aus weißem Mehl und gieß ein wenig Wein daran, und färb ihn und würze ihn und zieh die Morcheln dadurch und back sie in einer Pfanne.

FÜR 4 PERSONEN

250 g	Morcheln (frische oder aus der Dose) oder 3–4 getrocknete Morcheln pro Person
(½ l	Fleischbrühe, ½ l Weißwein)
90 g	Mehl
7 cl	Weißwein
13 g	Öl
1	Eigelb
1	Port. Safran
1	Prise Salz
1 EL	gehackte Petersilie
1	Eiklar
	Fett zum Ausbacken

ZUBEREITUNG: Frische Morcheln müssen gründlich gewaschen werden, weil sie sehr sandig sind. Getrocknete Morcheln 1–2 Stunden vor Gebrauch einweichen; dazu ½ l Fleischbrühe erhitzen, den Weißwein hinzugeben, den Sud abkühlen lassen und die Morcheln hineingeben.

Aus den Zutaten für den Teig nach den Anweisungen im Basisrezept (S. 35) einen Straubenteig herstellen, mit Salz, Safran und gehackter Petersilie würzen; zuletzt das steifgeschlagene Eiweiß unterheben. Die Morcheln gut abtropfen lassen, durch den Teig ziehen und in heißem Fett ausbacken.

Feigenpfeffer

Feigenpfeffer

Einen guten Feigenpfeffer mach folgendermaßen. Nimm Wein und Wasser zu gleichen Teilen und koch darin die Feigen. Und wenn drei gut gekocht sind, dann nimm die Brühe von den Feigen und damit bereite den Pfeffer zu. Nimm geriebenen, gut gewürzten Lebkuchen und etwas Weißbrotbrösel und tu das in die Brühe und Honig dazu und ein wenig Essig und streich es durch ein Pfeffertuch, und nimm es heraus und würz es gut und koch es miteinander auf und leg die Feigen in eine Schüssel und gieß den Pfeffer daran. Und wenn du es anrichten willst, so streue aufgekochte Weinbeeren darauf, und servier es.*

Für 4 Personen

11	frische Feigen (oder: 14 getrocknete Feigen)
1/8 l	Weißwein
1/8 l	Wasser
1/2	Elisenlebkuchen
1	Scheibe Weißbrot
1 EL	Honig
1–2 EL	Balsamessig
8–10	schwarze Pfefferkörner
2 Msp	Zimt
1	Prise Kardamom

Zubereitung: Die Feigen häuten und in der Mischung aus Wasser und Weißwein 5 Minuten bei geringer Hitze kochen lassen. 8 Feigen herausnehmen und warm stellen. Die restlichen Feigen in dem Sud weiterkochen, bis sie zerfallen. Die zerbröselten Elisenlebkuchen und das zerzupfte Weißbrot hinzufügen; mit Honig, Balsamessig, im Mörser fein zermahlenen Pfefferkörnern, Zimt und Kardamom abschmecken. In eine flache Schüssel geben und die knapp gegarten ganzen Feigen darauf setzen.

Wenn man getrocknete Feigen verwendet, diese ebenfalls weich kochen; dann 8 Feigen herausnehmen und warm stellen. Die übrigen Feigen 5 Minuten weiterkochen, herausnehmen und im Mixer pürieren. Die zerbröselten Elisenlebkuchen und das zerzupfte Weißbrot hinzufügen; mit Honig, Balsamessig, im Mörser fein zermahlenen Pfefferkörnern, Zimt und Kardamom abschmecken. In eine flache Schüssel geben und die knapp gegarten ganzen Feigen darauf setzen.

Paßt zu Wild, Pasteten und Kalbsnierenbraten.

* Als Pfeffertuch wurde ein Passiertuch bezeichnet, das mit Pfeffer behandelt worden war, so daß die darin passierten Speisen gleichzeitig gepfeffert wurden.

Fastengericht: Weinbeermus

Aus Tegernsee stammt ein süßes Fastenmus, das einen großen Anteil von Rosinen enthält und daher sehr süß ist (Angaben für 40 Personen):

Weinbeermus:

6 Maß Wein, 8 Semmeln, 8 Brote, 4 Pfund Feigen darunterziehen, 1 Pfund Weinbeeren, würzen und gilben.

Für 4 Personen

8	Feigen
100 g	Rosinen
2 dl	Weißwein
2	Scheiben Weißbrot
2	Milchbrötchen
1 Msp	Anis
1 Msp	Zimt
1	Prise Kardamom
1	Port. Safran

Zubereitung: Die Feigen häuten, in feine Schnitze schneiden, zusammen mit den Rosinen in Wein aufkochen und 5–10 Minuten bei mittlerer Hitze köcheln lassen. Weißbrot und Milchbrötchen fein zerpflücken, hinzufügen und verrühren. Mit Anis, Zimt, Kardamom und Safran abschmecken.

Pomeranzengemüse

Wie beliebt bereits in der frühen Neuzeit exotische Früchte waren, zeigt ein Rezept der Nürnberger Patriziertochter Sabina Welser:

Warmes Pomeranzengemüse machen

So nimm die äußere gelbe Schale von Pomeranzen und schneide das Weiße ab, und schneide kleine Schnipsel wie bei Kuttelfleck und wasch sie in Wasser. Und tu sie in ein kleines Gefäß mit Wasser und laß sie aufkochen. Danach wasch sie wieder in frischem Wasser und laß sie wieder aufkochen. Das tu zwölf Mal, du mußt aber jedes Mal frisches Wasser darantun. Oder probiere sie; solange es noch bitter ist, solange mußt du sie waschen und jedes Mal aufkochen lassen. Danach, wenn es nicht mehr bitter ist, wasch sie in sauberem Wasser und tu Schmalz darüber und röste sie im Schmalz. Danach tu einen guten süßen Wein daran, Zucker, kleine Weinbeeren, Kubeben.*

Die Pomeranze ist eine Urform der Orange und anderer Zitrusfrüchte; ihre Schale ist sehr bitter, ihr Fruchtfleisch säuerlich-bitter und zum unmittelbaren Verzehr nicht geeignet. Das vielfache Abkochen der Pomeranzen in diesem Rezept dient dazu, den Schalen die Bitterkeit zu nehmen; man kann sich heute das Verfahren daher sehr vereinfachen, wenn man (ungespritzte!) Orangen nimmt. Die Orange wird erst seit dem 16. Jahrhundert in Europa gezogen, zunächst als Zierbaum in Orangerien, deren erste der Herzog Antoine de Bourbon 1533 in Südfrankreich einrichtete; in Plantagen angebaut wird die Orange in Europa erst seit dem Ende des 18. Jahrhunderts: 1792 wurde in Carcagete bei Valencia die erste Orangenplantage angelegt.

Für 4 Personen

12	ungespritzte Orangen	60 g	Zucker
50 g	Rosinen	⅛ l	lieblicher Weißwein
20 g	Butter	4–5	schwarze Pfefferkörner

Zubereitung: Die Orangen gründlich abwaschen, die Schale hauchdünn abschälen, so daß das Weiße nicht mit abgetrennt wird. Die Orangenschale und die Rosinen in wenig Wasser bei mittlerer Hitze etwa 10 Minuten dünsten, das Wasser abgießen, die Orangenschalen in Butter leicht schmoren, den Zucker hinzufügen, ein wenig karamelisieren lassen, mit lieblichem Weißwein ablöschen, mit im Mörser sehr fein gestoßenen Pfefferkörnern würzen.

* Kubeben (oder Zibeben, wie die Handschriften häufig schreiben) heißen die Früchte des *Piper cubeba L. fil.*; die Pflanze gehört zur Familie der Pfeffergewächse. Der Name ist abgeleitet von mittellateinisch *cubeba*, was aus arabisch *zibiba* gebildet wurde. Die würzig-bitteren, rosinenartigen Früchte sind nicht so scharf wie Pfeffer. Sie wurden in Indien als Gewürz verwendet und kamen über die arabische Medizin nach Europa. In der spätmittelalterlichen europäischen Küche waren sie eine beliebte Zutat. Heute findet man sie kaum mehr.

Holunderblütenmus

Holundermus

Nimm Holunderblüten und koch sie in Milch und treib sie durch ein Tuch und mach daraus ein Mus, wie du willst, mit geriebenem weißem Brot oder anderen Dingen. Das schmeckt sehr gut und ist auch gesund. Du kannst es auch färben und würzen, wenn du willst. Aber es schmeckt auch selbst (= ungewürzt) gut.

Für 4 Personen

8	Holunderblütendolden
1 l	Milch
150–180 g	Reismehl aus frisch gemahlenem Rundkornreis
100 g	Zucker
ev. 1 cl	Kirschsaft
ev. 30 g	kandierte (oder frische) Veilchen

Zubereitung: Die Holunderblüten gründlich waschen, in der Milch aufkochen und durch ein Haarsieb streichen. Wieder zum Feuer geben, den Zucker und, wenn man das Holundermus färben möchte, den Kirschsaft hinzufügen, das Reismehl unter ständigem Rühren hineinrinnen lassen und die Milch damit andicken. Zum Erkalten in eine Schüssel füllen und mit den frischen oder kandierten Veilchen dekorieren.

Dessert

Feigen. Weinbeer. Pfersich. Pflumen. Byren. Süßgranaten Saur Granaten

Weh denen,
die viel essen und trinken auch,
sie machen zu einem Gott ihren Bauch.

Idsteiner Spruch Nr. 52

Gefüllte ausgebackene Äpfel

Ein anderes Gebackenes aus gefüllten Äpfeln mach folgendermaßen. Nimm saure Äpfel, soviel du willst, und schäl sie schön, nimm das Innere heraus und schneide sie scheibenförmig (d. h. teile sie quer in zwei Teile). Nimm gebratene Äpfel oder Quitten oder gebratene Birnen. Reib Weißbrot darunter mit Zucker und Salz. Du kannst sie würzen oder nicht. Und füll die Apfelhälften damit, ohne Eier. Streich die Fülle in die Äpfel und drück sie gut hinein. Mach auch einen kleinen Teig aus Honig und Wein und gilb ihn und zieh die Äpfel dadurch; hefte sie mit einer Klammer oder einem Faden zusammen. Back sie in Schmalz. Richte sie an. Nimm den Faden ab oder zieh die Klammer heraus und trag es auf. Gib Zucker oder Honig darüber.

FÜR 4 PERSONEN

Teig

90 g	Mehl
8 cl	Weißwein
13 g	Öl
1	Eigelb
1	Eiklar
1	Prise Salz
1–2 EL	flüssiger Honig
1 l	Öl zum Ausbacken

Äpfel und Fülle

2	mittelgroße Boskop
1	Apfel (oder Birne oder Quitte)
1	Scheibe Weißbrot
1 EL	Zitronensaft
1 EL	Zucker
1	Prise Salz
½ l	Weißwein
2 EL	Zucker
ev. 1	Prise Zimt

ZUBEREITUNG: Zunächst den Apfel, die Birne oder Quitte für die Füllung des Boskop schälen, entkernen, in kleine Stückchen schneiden und mit Zitronensaft, 1–2 EL Wasser und Zucker vermischt bei mittlerer Hitze garen und anschließend pürieren oder durch ein Haarsieb streichen. Mit einer Prise Salz und eventuell mit einer Prise Zimt würzen und das fein geriebene Weißbrot hinzufügen. Dann die Boskop schälen, quer durchschneiden und entkernen. In leicht gezuckertem Weißwein 10 Minuten simmern lassen; sie sollen noch fest sein. Mit dem Apfel-, Birnen- oder Quittenpüree füllen.

Aus den angegebenen Zutaten einen Straubenteig nach den Anweisungen im Basisrezept (S. 35) herstellen, zuletzt den steif geschlagenen Eischnee unterheben. Die gefüllten Apfelhälften vorsichtig in den Teig tauchen und im heißen Fett ausbacken.

Sauerkirschen ausgebacken

Willst du ausgebackene Weichseln machen, so rühr einen Teig mit vier Eiern und Wasser an, schmeck ihn ab mit Gewürzen. Nimm danach heißes Schmalz, zieh die Weichseln durch den Teig und back sie in dem Schmalz.

FÜR 4 PERSONEN

500 g	frische Sauerkirschen (oder 1 Glas à 400 g netto)
180 g	Mehl
1/8 l	Weißwein
25 g	Öl
2	Eigelbe
2	Eiklar
1	Prise Salz
25 g	Zucker
	Pflanzenfett oder Öl zum Ausbacken
	Zucker zum Bestreuen, eventuell 1 Prise Zimt

ZUBEREITUNG: Die Kirschen nicht entstielen, sondern nur waschen und abtropfen lassen. Aus den übrigen Zutaten einen Straubenteig herstellen. Die Kirschen durch den Teig ziehen und im heißen Fett ausbacken. Mit Zukker (und Zimt) bestreuen und sofort servieren.

Wenn man Kirschen aus dem Glas nimmt, die Kirschen gut abtropfen lassen. Jeweils zwei bis drei Kirschen mit zwei Teelöffeln durch den Straubenteig ziehen und in das Ausbackfett geben.

Einige Handwerker, die in die sogenannte Zwölfbrüderstiftung der Nürnberger Patrizier Mendel und Landauer aufgenommen worden waren, verzehren hier ihr gemeinschaftliches Mahl. Die Stiftung diente der Versorgung betagter Handwerker. In der Mitte des Tisches auf einer Vorlegeplatte wartet ein Hähnchen auf den Verzehr, umgeben von einigen Knödeln; auf dem Tischtuch liegen einige Brotstücke, einer der Tischgenossen hält ein Messer in der Hand, während ein anderer gerade einen Becher leert. Im Vordergrund wird eine Weinkaraffe in einem Wasserbottich gekühlt.

«Konkavelite»

UNGEKLÄRT IST DER Name dieses Gerichts; vielleicht hängt er mit dem lateinischen Ausdruck *concavum electum* = auserlesene Schüssel zusammen oder ist abgeleitet von dem italienischen Diminutiv *concavita* = kleine Höhlung, rundes Gebilde, der dann ursprünglich auf das Gefäß bezogen worden wäre, in dem diese Süßspeise serviert wird. Dafür, daß der Name nicht auf die spezifische Zusammensetzung des Gerichts bezogen sein kann, spricht auch die Tatsache, daß er in einem niederdeutschen Kochbuch gleich zwei völlig andere Gerichte bezeichnet, nämlich eine Art Geflügel-Lungen-Haschee und eine Süßspeise mit in Honig kandierten Nüssen. Das folgende Rezept stammt aus dem ‹*Buoch von guter spîse*›.

Ein konkavelite

Um eine Schüssel voll herzustellen: Man soll ein Pfund Mandeln nehmen und die mit Wein zu Mandelmilch stoßen, ein Pfund Kirschen und die durch ein Sieb schlagen und in die Mandelmilch tun. Und nimm dann ein Viertel Reis, den soll man zu Mehl stoßen, und das tu in die Milch. Und dann nimm ein reines Schmalz oder Speck und schmilz das in einer Pfanne und tu da hinein für eine halbe Mark Zucker. Und versalz es nicht und servier es.

FÜR 4 PERSONEN

Für die Mandelmilch

300 g	Mandeln (geschält)
1 l	Wasser oder Wasser und Wein
100 g	Puderzucker

oder ersatzweise:

1 l	Milch
200–250 g	Marzipanrohmasse

500 g	Sauerkirschen (frisch oder aus dem Glas)
80–100 g	Reismehl (aus frisch gemahlenem Rundkornreis)
30 g	Haferflocken (instant)
1 EL	Honig
1 EL	Butter
150 g	Zucker
1	Tasse Sahne

ZUBEREITUNG: Aus Mandeln, Wasser und Wein nach der Anweisung im Basisrezept (S. 33) eine Mandelmilch bereiten und mit dem Puderzucker verrühren (ersatzweise die Milch mit der Marzipanrohmasse zum Kochen bringen und auflösen). Die Flüssigkeit mit Reismehl und Haferflocken andicken, den Honig hinzufügen. Kirschen entstielen, entsteinen, gar kochen, im Mixer zerkleinern oder durch ein Sieb passieren. Die durchpassierten Kirschen in die angedickte Mandelmilch geben, gut verrühren und noch eine Weile am Siedepunkt durchköcheln lassen. In eine Schüssel geben und kalt stellen.

Kurz vor dem Servieren die Butter in einer Pfanne zerlaufen lassen, den Zucker hinzufügen und karamelisieren lassen, mit 1 Tasse Sahne ablöschen und über die Konkavelite geben. Sofort servieren.

Weichselkirschen-Kompott

Ein Weichselkirschen-Kompott

Wer ein Kompott von sauren Weichselkirschen machen will, der nehme saure Weichselkirschen und zieh ihnen die Stiele ab und siede sie in einem Topf in ihrem eigenen Saft. Und wenn sie gekocht haben, so schütte man sie heraus und lasse sie abkühlen und schlage sie durch ein Tuch und schütte sie dann in einen gepichten * *Topf. Und mische Honig und Galgant dazwischen. Wer es sogleich essen will, würze es nicht.*

FÜR 4 PERSONEN

500 g	frische Sauerkirschen (oder 1 Glas à 400 g Fruchteinwaage)
3–6 EL	Honig
½ TL	Galgant
½ TL	Ingwer

ZUBEREITUNG: Frische Kirschen waschen, entstielen, entsteinen und mit wenig Wasser aufkochen. Im Mixer pürieren, mit Honig nach Geschmack süßen und mit Galgant und Ingwer abschmecken.

Tip: Man kann für das Sauerkirschkompott auch Kirschen aus dem Glas verwenden. Dann nur einen Eßlöffel Honig zu den pürierten Früchten geben und mit Ingwer und Galgant würzen.

* Gepichte, d. h. mit Pech ausgestrichene Tontöpfe sind wasser- und luftundurchlässig und eignen sich daher vor der Verbreitung gläserner Gefäße am besten zu längerfristigem Konservieren.

Pflaumenkompott (Variante: Aus Pflaumenschlehen)

Ein feines Gericht von Pflaumen

Man soll frühe Pflaumenschlehen nehmen und sie in ein irdenes Gefäß tun. Man gieße Wein darauf oder Wasser, daß sie schön aufspringen, und lasse sie aufkochen und püriere sie dann, aber so, daß die Kerne nicht zerbrechen, und schlage sie durch ein Sieb und tue eine Schnitte Weißbrot daran und Honig und lasse das zergehen. Und tue das hinzu mit Wein oder Wasser und gieße es zu dem Mus mit trockenen gestoßenen Kräutern. So kannst du auch Kompott von Kirschen oder gelben Pflaumen machen.

Für 4 Personen

500 g	frühe, säuerliche Pflaumen (oder Schlehen)
1/8 l	Weißwein
6 EL	Honig
2	Scheiben Weißbrot
2 Msp	Zimt

Zubereitung: Die Kerne von frühen Pflaumen und erst recht von Schlehen lassen sich sehr schlecht entfernen; daher wird in dem Rezept empfohlen, sie vorher in Wein oder Wasser quellen zu lassen. Man sollte aber dennoch versuchen, die Kerne vor dem Kochen zu entfernen, da sie beim Passieren leicht zersplittern. Die Pflaumen oder Schlehen waschen, abtropfen lassen, entkernen, mit dem Wein weichkochen. Durch ein grobes Haarsieb schlagen, wieder zum Feuer geben; den Honig und das zerzupfte Weißbrot hinzufügen, mit Zimt abschmecken. Nochmals aufkochen, andicken lassen und in Portionsschälchen füllen.

◁ *In der Tradition der Kalenderbilder von Stundenbüchern ist das Dezemberbild der Jagd oder dem Schlachten gewidmet. Ein Schlachttag in all seinen Phasen vom Einfangen und Abstechen der Schweine und dem Töten des Rindes bis zum Abkochen des Fleisches in einem Riesenkessel voller Pökellauge ist auch hier dargestellt. Links von der Bildmitte bringt ein Jäger einen erlegten Hasen. Die frischen Würste sind auf einer Stange im Rauchabzug aufgereiht; einige davon braten aber bereits am Rande der großen Feuerstelle und lassen dem Hund am rechten Bildrand offenbar schon das Wasser im Maul zusammenlaufen.*

Quittenmus

Ein Quittenmus

Willst du Quittenmus machen, so nimm soviele Quitten, wie du willst, und koche sie schön gar. Und nimm dann einen Mörser und püriere sie darin fein und schlage sie durch ein Tuch. Und nimmt Eidotter dazu und rühr es damit ab. Und tu Zucker darauf und versalze es nicht.

Für 4 Personen

1 kg	Quitten
1,5 dl	Wasser
50 g	Zucker
1	Eigelb

Zubereitung: Quitten gründlich waschen, vierteln, Kerngehäuse herausschneiden. Schälen, wenn die Schale Flecken aufweist, sonst ungeschält in kleine Stücke schneiden. Zusammen mit dem Wasser in einen Topf geben, etwa 15–20 Minuten kochen. Wenn die Quitten weich sind, in einem Mixer pürieren, eventuell zusätzlich durch ein feines Sieb streichen. Wieder zum Feuer geben. Unter ständigem Rühren den Zucker und das Eigelb hinzugeben. In eine Glasschüssel oder Portionsschälchen füllen und abkühlen lassen.

Birnenpudding

Birnenmus

Willst du Birnenmus machen, so nimm Birnen und schneide sie schön und koch sie in einem Topf mit Wein und Schmalz. Und schlag sie durch ein Tuch und rühr sie ab mit Eidottern. Und streu Gewürze darauf, wenn man es anrichten will.

Für 4 Personen

500 g Birnen (frisch oder aus der Dose)
1,5 dl trockener Weißwein
20 g Butter
50 g Zucker
2 Msp Zimt
4 EL Sahne
3 Eigelbe

Zubereitung: Die Birnen schälen, vom Kerngehäuse befreien und in feine Stücke schneiden. Mit dem Wein und der Butter in einen Topf geben und gar kochen. Durch ein Sieb schlagen, mit Zucker und Zimt abschmecken, die Sahne hinzufügen. Die Masse wieder in einen Topf geben, die Eigelbe hinzufügen und gut verrühren. Unter ständigem Rühren wieder aufs Feuer setzen und andicken lassen. In Portionsschälchen füllen und erkalten lassen.

Hohe geistliche und weltliche Würdenträger sind zugegen, als König Karl V. von Frankreich 1378 Kaiser Karl IV. (mit Bügelkrone) zu einem Festmahl empfängt. Nicht zufällig haben die Vorlegeschüsseln Schiffchenform: Im Vordergrund wird zur Unterhaltung der Tafelnden von Mimen die Eroberung Jerusalems im Jahre 1099 durch die Kreuzfahrer unter Mitwirkung Gottfrieds von Bouillon (gekennzeichnet durch Kreuze auf Schild und Panzer) dargestellt.

Veilchenpudding

Ein Veilchenmus

Wer ein Veilchenmus machen will, der nehme eine dicke Mandelmilch, gut abgerührt mit Reismehl, und tu genügend Schmalz dahinein. Und färbe es gut mit Veilchenblüten. Das ist ein richtiges Veilchenmus.

FÜR 4 PERSONEN

¾ l	Mandelmilch (aus 150 g Mandeln und ½ l Wasser und Wein)
75 g	Zucker
2 EL	Amaretto (oder einige Tropfen Mandelaroma)
Schale	½ Zitrone
50 g	Reismehl (aus frisch gemahlenem Rundkornreis)
20 g	Butter
50 g	kandierte Veilchen (oder 1–2 Bund frische Veilchen)

ZUBEREITUNG: Frische Veilchen waschen, die Blüten abzupfen und mit Küchenkrepp trockentupfen. 5–6 Blüten zur Dekoration beiseite legen. Aus Mandeln und Wasser-Weingemisch nach der Anweisung im Basisrezept (S. 33) eine dicke Mandelmilch herstellen. Zum Feuer setzen, mit Zucker, Amaretto bzw. Mandelaroma und Zitronenschale würzen. Die Butter hineinrühren. Das Reismehl hineingeben und unter Rühren aufkochen lassen. Vom Feuer nehmen, die frischen (oder kandierten) Veilchen unterrühren und die Speise erkalten lassen. Wenn sie abgekühlt ist, mit den restlichen Veilchen verzieren.

Nußpudding

Willst du ein Nußmus machen, so nimm Nußkerne und stoß sie klein und schlag sie durch ein Tuch mit einer süßen geronnenen Milch und Semmelbröseln von einer Semmel, gut gekocht in einem Topf. Und gib genügend Fett dazu. Und mit Eidottern gut abgerührt und schön gefärbt mit Safran.

Für 4 Personen

150 g	Haselnüsse
½ l	Milch
75 g	Zucker
50 g	Reismehl
1	Milchbrötchen
20 g	Butter
2–3	Eigelbe
1	Portion Safran

Zubereitung: Nüsse im Mixer oder Cutter sehr fein zerkleinern. Das Brötchen in Milch einweichen, ebenfalls im Mixer zerkleinern. Die restliche Milch, den Zucker und das Reismehl mit den Nüssen vermischen. Alles in einem Topf zum Feuer geben, mit Safran würzen. Unter ständigem Rühren zum Kochen bringen, vom Feuer nehmen und die Butter und die Eigelbe hineinrühren. Kurz nochmals aufkochen und in eine Glasschüssel füllen.

Mandelmilchpudding mit Äpfeln

Ein Mus aus Reis

Wer ein Mus aus Reis machen will, der nehme aber gestoßene Mandelmilch und vermenge sie mit Reismehl und koche es gut. Und nimm einen Apfel und schneide den in Würfel und röste ihn in Schmalz und streue das auf das Mus. Und servier es.

FÜR 4 PERSONEN

¼ l	Mandelmilch (aus 150 g Mandeln und ½ l Wasser und Wein)
75 g	Zucker
2 EL	Amaretto (oder einige Tropfen Mandelaroma)
Schale ½	Zitrone
75 g	Reismehl (aus frisch gemahlenem Rundkornreis)
2–3	säuerlich-aromatische Äpfel
Saft ½	Zitrone
30 g	Schmalz

ZUBEREITUNG: Die Äpfel schälen, vom Kerngehäuse befreien, fein würfeln und in einem Topf in ausgelassenem Schmalz andünsten. Aus Mandeln und Wasser-Weingemisch nach der Anweisung im Basisrezept (S. 33) eine dickliche Mandelmilch herstellen. Mit Zucker, Amaretto bzw. Mandelaroma und Zitronenschale würzen; das Reismehl einrühren und unter ständigem Rühren aufkochen. Vom Feuer nehmen, die gedünsteten Äpfel unterrühren und abkühlen lassen.

Dreifarbiges Mandelmilch-Gelee

Ein dreifarbiges Gericht zu machen. Nimm dreierlei Farbe und Hausenblase, die erhitze schön in Wasser; und nimm eine dicke Mandelmilch, und hack Petersilie sehr fein. Und nimm ein Drittel von der Mandelmilch dazu, tu Zucker darunter: das wird die grüne Farbe. Und nimm den zweiten Teil, zucker ihn gut und koch ihn in einem Topf auf und laß ihn weiß. Und den dritten Teil mach ganz gelb. Und gib jedes in ein Gefäß und laß es stehen, bis es fest wird. So hast du dreierlei Farbe: grün, weiß und gelb. Und halt es dann kurz über ein Feuer und sogleich wieder herunter. Und stürze es auf eine Anrichte und schneide es schachbrettartig und leg es in eine Schüssel, immer abwechselnd ein grünes, ein weißes und das dritte gelb, bis die Schüssel voll ist, und gib es zu essen.

Für 4 Personen

3/4 l	Mandelmilch (aus 150 g Mandeln und 1/2 l Wasser und Wein)
150 g	Zucker
9	Blatt Gelatine
1 Bd	Petersilie
2	Port. Safran
1 EL	Amaretto (Mandellikör) oder einige Tropfen Mandelaroma

Zubereitung: Die Mandelmilch nach dem Basisrezept (S. 33) zubereiten und in drei Portionen aufteilen. Für das grüne Mandelmilchgelee die Petersilie fein hacken, in ein Tuch oder auf ein feines Haarsieb geben und die Mandelmilch mehrmals hindurchlaufen lassen, bis die Mandelmilch eine deutlich grüne Farbe angenommen hat. 50 g Zucker hinzufügen und erhitzen. 3 Blatt Gelatine einweichen, in der Mandelmilch auflösen. In eine flache Schale füllen und kalt stellen, damit die Mandelmilch gelieren kann. Für das gelbe Mandelmilchgelee die 2 Portionen Safran in der Mandelmilch auflösen. 50 g Zucker hinzufügen und erhitzen. 3 Blatt Gelatine einweichen, in der Mandelmilch auflösen. In eine flache Schale füllen und ebenfalls kalt stellen. Schließlich den restlichen Zucker in die letzte Portion Mandelmilch geben, erhitzen, 3 Blatt eingeweichte Gelatine darin auflösen und kalt stellen. Wenn alle Teile fest geliert sind, das Gelee in quadratische Stücke schneiden und diese auf einer flachen Schale schachbrettartig anordnen.

Die Hausenblase, die im Originalrezept angegeben wird und die wenigstens bis ins 19. Jahrhundert als Geliermittel verwendet wurde, ist die Schwimmblase einer Störart, des Hausen. Die getrocknete Blase, die als Blätter oder zusammengerollt in Stücken verkauft wurde, mußte kleingeschnitten und über Nacht in Wasser eingeweicht werden. Wie die heutige Gelatine löste sie sich bei Erhitzen völlig auf.

«Igel» aus Mandelmus

Ein Igel aus Mandeln

Wirf sehr fein gestoßene Mandeln in einen reinen Topf und rühr die Masse mit einem kleinen Hölzchen. Schütte sie dann auf ein Tuch, so daß sie ein Häufchen bildet und laß sie abtropfen, so daß sie trocken wird. Und bestreu sie dann mit Zucker. Und nimm dann viergeteilte Mandeln, die mit Safran rotgefärbt sind, und besteck (die Mandelmasse) damit wie einen Igel. Gieß dann eine dicke Mandelmilch daran und setz es in eine Schüssel.

In der Beschreibung des Rezepts muß am Anfang ein Arbeitsgang ausgelassen worden sein, denn selbst wenn man Mandeln im Mörser sehr fein stößt, ergibt sich nicht soviel Flüssigkeit, daß sie abtropfen könnte. Ich vermute, daß das Hinzufügen der Flüssigkeit vergessen wurde, mit der eine dicke Mandelmilch hergestellt wird, die Ausgangsprodukt für den «Igel»-körper ist. Dann läßt sich das Rezept wie folgt realisieren:

FÜR 4 PERSONEN

Für den Igel

300 g	Mandeln (I)
75 g	Zucker
⅜ l	Wasser und Weißwein
10	ganze Mandeln (II)
1	Port. Safran
1 EL	Weißwein

Für die Sauce

100 g	Mandeln (III)
	die Flüssigkeit, die beim Herstellen des «Igels» überbleibt
	Weißwein-Wasser-Mischung
50 g	Zucker
1 EL	Amaretto (oder Mandelaroma)
	geriebene Schale 1 Zitrone
2 Msp	Zimt

ZUBEREITUNG: Aus den Mandeln (I) und der Wein-Wasser-Mischung nach der Anweisung im Basisrezept (S. 33) eine dickliche Mandelmilch herstellen, den Zucker darin verrühren. Ein sehr feines Haarsieb auf eine Schüssel setzen, die Mandelmasse daraufschütten, die Flüssigkeit in die Schüssel ablaufen lassen. Die Masse mehrmals kräftig ausdrücken, eventuell einen kleinen Teller als Gewicht daraufsetzen und ca. 2 Stunden stehen lassen. Danach die Mandelmasse in eine flache Schale stürzen, so daß die halbrunde Form des Siebs erhalten bleibt; diese etwas länglich formen. Die ganzen Mandeln (II) in heißem Wasser überbrühen und schälen, vierteln; Safran im Weißwein auflösen, die Mandeln darin gelb färben und auf die dicke Mandelmasse stecken.

Aus den Mandeln (III), der aufgefangenen Flüssigkeit aus dem ersten Arbeitsgang und soviel Wein und Wasser, daß sich ⅜ l Flüssigkeit ergibt, sowie dem Zucker nach den Anweisungen im Basisrezept (S. 33) eine dickliche Mandelmilch bereiten, mit Amaretto bzw. Mandelaroma, Zitronenschale und Zimt abschmecken. Separat zum Igel servieren.

Milchreis

Aus einer Münchner Handschrift, in der die Übersetzung des *Liber de ferculis et codimentis* des Jamboninus de Cremona überliefert ist, stammt das folgende Rezept für Milchreis, in dem nicht nur – ungewöhnlicherweise – Mengenangaben enthalten sind, sondern das zugleich auch noch angibt, welche Primärqualitäten der Speise zuzuordnen sind, wie sie auf den Menschen wirkt und welchen Menschen sie folglich wenig bekömmlich ist.

Reis mit Milch ist am besten mit Ziegenmilch. Und er wird so gemacht: Nimm ein Pfund Reis und wasch ihn und tu dazu vier Pfund Milch, und laß das auf einem kleinen Feuer kochen. Es ist von mäßiger Feuchtigkeit und Trockenheit, nährt gut, kräftigt die Natur und macht das Eingeweide schleimig und ist (gut) verdaulich und macht Melancholie und schadet denen, die Schleim haben; aber die Schädlichkeit behebt man mit Zucker.

Für 4 Personen

250 g	Rundkornreis
1½ l	Milch
1	Prise Salz
	geriebene Schale ½ Zitrone (ungespritzt)
30 g	Butter
100 g	Zucker
	eventuell Zimt

Zubereitung: Milch mit Salz und Zitronenschale in einem ausreichend großen Topf aufkochen, den Reis waschen, abtropfen lassen und hineingeben. Die Butter hinzufügen und den Reis bei schwacher Hitze körnig weich kochen. Mit Zucker überstreuen und servieren.

Tip: Man kann den Reis auch mit Zucker und Zimt bestreuen.

Latwerge von Weichselkirschen als Konfekt

DER BEGRIFF LATWERGE, der heute noch in manchen Gegenden Deutschlands ungesüßt eingedicktes Pflaumen- oder Birnenmus bezeichnet, ist über mittellateinisch *electuarium* von griechisch *eleikton, eleikma* «Arznei, die man im Munde zergehen läßt», abgeleitet und hat im Mittelalter verschiedene Bedeutungen. Meist ist damit, wie im folgenden Rezept aus dem *Buoch von guoter spîse,* eingedicktes Fruchtmus gemeint; Latwerg kann aber auch eine Arznei oder, seltener, eine Würzbrühe bezeichnen. Die folgende Zubereitung von Weichselkirschen erinnert an das heute noch verbreitete Quittenbrot:

Ein Fladen aus Weichselkirschen

Wer einen Fladen aus Weichselkirschen machen will, der nehme sie und ziehe die Stiele ab und koche sie in einem Topf im eigenen Saft, bis der Saft verkocht ist. Dann schütte er sie aus und lasse sie abkühlen und schlage sie durch ein Tuch. Und er bestreiche ein Brett gut mit Honig und lege die Kirschen darauf und setze das Brett auf Holz und an die Luft, bis (der Kirschbrei) trocken ist. Hat er keine Luft, so setze er es in einen kühlen Hof. Und schneide (die getrocknete Masse) in Würfel und bestreu sie mit Gewürzen. Und das ist eine Latwerge.

ZUTATEN

1 kg	Sauerkirschen
350 g	Honig
2 Msp	Anis
1	Backblech
	Alufolie

ZUBEREITUNG: Die Sauerkirschen waschen, abtropfen lassen, entstielen und entsteinen. In einem Topf im eigenen Saft aufkochen, bei mittlerer Hitze 10–15 Minuten köcheln. Die Kirschen abkühlen lassen, im Mixer pürieren, mit Honig vermischen und mit Anis abschmecken, wieder in den Topf geben und bei schwacher Hitze ohne umzurühren solange kochen, bis die Masse zähflüssig wird. Dann unter ständigem Rühren weiterköcheln, bis sich die Masse nicht mehr umrühren läßt.

Die Alufolie auf ein Backblech legen, mit Honig bestreichen, den Kirschbrei darauf verteilen und an einem kühlen Ort solange trocknen lassen, bis die Masse schnittfest geworden ist. In Würfel schneiden und als Konfekt servieren.

Gebäck

Simelbrot. Kleyenbrot. Vngehöfelt brot. Ryßbrot. Ofenbrot. Schärbenbrot. Steynbrot.

Sanft und warm liegen,
satt getrunken und gegessen –
die drei Dinge begünstigen den Schlaf.
Idsteiner Spruch Nr. 86

Feigen- und Weinbeerküchlein

(Variante: Birnenküchlein)

Ein dünn ausgezogenes Gebäck mach wie folgt. Nimm Feigen und Weinbeeren und koch sie auf in etwas Wein. Zerstoß sie in einem Mörser. Misch Mehl und Gewürz darunter und mach schöne kleine Küchlein daraus. Die zieh durch einen feinen Teig und back sie schön. Das Müslein mach aus warmem Wein und weißem Mehl und färb es gelb und schön. Die soll man trocken auftragen. Das ziemt sich wohl.

FÜR 6–8 PERSONEN

Teig

180 g	Mehl
1/8 l	Weißwein
25 g	Öl
2	Eigelbe
2	Eiklar
25 g	Zucker
1	Prise Salz
	Safran

Pflanzenöl zum Ausbacken

50 g	Zucker
1 TL	Zimt

Fülle

300 g	Feigen (frisch oder getrocknet)
300 g	Rosinen
100 g	Reisstärke (aus frisch gemahlenem Rundkornreis)
1/4 l	Weiß- oder Rotwein
3 cl	Rum
	etwas Kardamom (nach eigenem Geschmack)
1 TL	Zimt
1/2 TL	Ingwer oder 10 g frisch geriebener Ingwer

ZUBEREITUNG: Feigen und Rosinen mit dem Wein und den Gewürzen gut durchkochen. Mit der Reisstärke vermischen und in einem Mörser oder Mixer/Cutter zerkleinern. Mit Rum abschmecken.

Aus den Zutaten für den Teig einen Straubenteig nach den Anweisungen im Basisrezept (S. 33) herstellen. Unmittelbar vor der Verwendung des Teiges die Eiklar mit dem Zucker zu einem festen Schnee schlagen, vorsichtig unter den Teig ziehen. Den Teig nur so lange rühren, wie unbedingt nötig, sonst wird er zäh.

Mit einem Löffel Klöße aus dem Feigen-Weinbeer-Püree abstechen und diese durch den Teig ziehen und im Fettbad ausbacken.

Auf Küchenkrepp trocknen, in Zucker und Zimt wälzen und sofort servieren.

Variante: Statt der Rosinen und Feigen kann man auch gedörrte Birnen verwenden, die man vorher gut 1 Stunde in 1 dl Weißwein einweicht. Man läßt Rum, Kardamom und Ingwer fort und gibt stattdessen zum Würzen die abgeriebene Schale einer Zitrone, zwei zerbröselte Elisenlebkuchen und 1 cl Birnengeist sowie zum Binden 20 g Mehl und ein Ei hinzu und verfährt ansonsten wie oben. Man erhitzt 2 EL Weißwein und 5 EL Honig, läßt die Flüssigkeit ein wenig einkochen und besprengt damit die Birnenküchlein.

Datteltorte

Datteltorte machen

Schneide die Datteln auf, tut die Kerne heraus, koch sie (die Datteln) in süßem Wein. Laßt sie ein wenig kochen und legt sie schon auf den (Teig-) Boden und streut Zucker und Zimt darauf und legt darauf wieder Datteln, immer im Kreis herum, und wieder Zucker und Zimt darauf. Und macht eine Decke darüber und gieß ein wenig von der Brühe daran, in der die Datteln gekocht wurden, und laßt es backen.

FÜR EINE SPRINGFORM VON 26 CM ∅

Für den Teig

250 g	Mehl
2	Eier
25 g	Schweineschmalz (oder Butter oder Margarine)
2–3 EL	Wasser
70 g	Zucker
1	Prise Salz
	Fett für die Form
1	Eigelb zum Bepinseln
1	Eiklar zum Ankleben des Deckels und der Dekoration
	Erbsen oder Linsen zum Blindbacken
	Backpapier

Für die Fülle

700 g	Datteln
¼ l	lieblicher Weißwein
50 g	Zucker
1 TL	Zimt

ZUBEREITUNG: Aus den angegebenen Zutaten nach den Anweisungen im Basisrezept (S. 38) für Pastetenteig einen Teig herstellen, 1 bis 2 Stunden kühl ruhen lassen. Inzwischen die Datteln halbieren, entkernen und in Wein aufkochen. Den Backofen auf 200° vorheizen. Den Teig ausrollen, den größeren Teil in eine gefettete Springform geben, den Rest für den Deckel zurückbehalten. Ein Pergament- oder Backpapier auf den Boden legen und die Erbsen zum Blindbacken darauffüllen und 10 Minuten bei 200° vorbacken. Dann Papier und Erbsen bzw. Linsen entfernen und die Datteln kreisförmig auf den Boden legen, mit Zucker und Zimt bestreuen und eine weitere Schicht Datteln darauflegen. Wieder mit Zucker und Zimt bestreuen, 3 bis 4 Eßlöffel von dem Wein darüber geben, in dem die Datteln aufgekocht wurden. Den Teig-Deckel ausrollen, am Rand mit etwas Wasser befeuchten und auf dem Rand des Kuchens befestigen. Etwas Teig für Verzierungen verwenden und mit Eiklar auf den Deckel kleben. Zwei Löcher hineinschneiden, damit der Dampf während des Backens entweichen kann. Den Deckel mit Eigelb bepinseln. Den Kuchen bei 180° in 25 bis 30 Minuten gar backen.

Pflaumentorte

Nimm Pflaumen, entkerne sie, schnitze sie (jeweils) in zwei Teile und gib sie in einen süßen Wein und laß es gut kochen. Und wenn sie gar sind, so tu sie in eine Schüssel und laß sie kalt werden und tu sie auf einen kleinen Boden, und nimm Zimt und Zucker, frische Butter und ein paar Weinbeeren tu darauf, laß es eine viertel Stunde backen. Servier es warm.

FÜR EINE SPRINGFORM VON 26 CM ∅:

Teig

250 g	Mehl
125 g	Butter (oder Schmalz)
65 g	Zucker
1	Ei
	etwas geriebene Zitronenschale
	Fett für die Form
	Mehl zum Ausrollen

Füllung

750 g	Pflaumen
1 dl	Rotwein (lieblich)
¼	Teelöffel Zimt(pulver)
50 g	Zucker
20 g	Rosinen
10 g	Butter

ZUBEREITUNG: Das Mehl in eine Schüssel geben, die Butter- oder Schmalzflöckchen am Rand verteilen, den Zucker, die Zitronenschale und das Ei in die Mitte geben und alles zu einem Mürbeteig verarbeiten. Zwei Stunden ruhen lassen. Inzwischen Pflaumen entkernen, halbieren, zusammen mit dem Wein, den 50 g Zucker und dem Zimt in einem Topf bei mittlerer Hitze garen. Abkühlen lassen und etwa ⅓ der Flüssigkeit entfernen.

Den Ofen auf 200° vorheizen. Eine Springform fetten, den Teig ausrollen, in die Springform legen und die Ränder hochbiegen. Die gegarten und abgekühlten Pflaumen auf den Teig geben, die Weinbeeren daraufstreuen und die Butter in Flöckchen daraufsetzen. Auf der untersten Schiebeleiste 10 Minuten bei 200° backen; die Hitze auf 180° reduzieren und 30–35 Minuten weiterbacken.

Quark-Mandeltorte

Nimm fein gestoßene Mandeln, füge nur tropfenweise Wasser hinzu, nimm dann ebensoviel Quark wie geriebene Mandeln, rühr beides durcheinander, schlag Eier daran, daß es dick wird wie ein Kuchenteig. Tu eine rechte Menge Zucker daran und Weinbeeren. Mach einen Teig aus Eiern und Mehl, roll ihn mit einem Wellholz aus, tu die oben beschriebene Füllung darauf und laß es in einer Pasteten-Form backen, aber nicht zu lange. Wenn es aber hochgeht und fest wird, dann ist es genug.

FÜR EINE SPRINGFORM VON 26 CM ∅

Teig

3 EL	trockener Weißwein
1½ EL	Honig
225 g	Weizenmehl
5	Eigelbe
1	Prise Salz
55 g	Butter
2 EL	Sahne
	Erbsen oder Linsen zum Blindbacken
	Back- oder Pergamentpapier

Fülle

250 g	Sahnequark
250 g	Mandeln
3	Eier
150 g	Zucker
Schale	1 Zitrone
75 g	Rosinen

ZUBEREITUNG: Den Wein mit dem Honig aufkochen, so daß der Honig sich auflöst. In einer Schüssel das Mehl, die Butter, das Salz, die größte Menge des Honig-Wein-Gemischs und die Sahne vermengen. In einer kleinen Schüssel die Eidotter mit dem restlichen Honig-Wein-Gemisch verrühren und zu dem Teig geben. Gut verkneten und den Teig sogleich dünn ausrollen. In eine gefettete Springform legen, einen Rand hochdrücken; ein Pergament- oder Backpapier auf den Boden legen, die Erbsen oder Linsen zum Blindbacken darauffüllen und im vorgeheizten Backofen (200°) etwa 10 Minuten vorbacken. Das Back- bzw. Pergamentpapier und die Linsen oder Erbsen entfernen.

Inzwischen den Quark mit den Eiern, den Mandeln, der Zitronenschale und dem Zucker verrühren. Die Masse auf den vorgebackenen Boden geben. Den Ofen auf 150° herunterschalten, den Kuchen in ca. 1 Stunde 20 Minuten fertigbacken.

Mandeltörtchen

Willst du eine Mandeltorte machen,
so nimm zuerst auf einen Tisch ein Pfund Mandeln und stoß oder reib sie und wenn sie ölig werden, so gieß etwas Rosenwasser hinein. Und wenn sie gerieben sind, so tu sie in eine Schüssel und nimm das Weiße von fünf Eiern und Sahne und Rosenwasser und tu das zu den gestoßenen Mandeln, bis die Masse dünn wird, daß sie fließt, aber nicht zu dünn. Und tu alles auf einen (Torten-)Boden und laß es vorsichtig backen in einer Kuchenform. Und wenn die Masse (auf dem Boden) erstarrt ist, so misch ein Eigelb mit Rosenwasser und bestreich den Kuchen überall (oben und am Rand) und laß ihn zu Ende backen.

FÜR EINE FORM VON 26 CM ∅

Fülle		*Mürbeboden*		*Zum Bestreichen*	
250 g	Mandeln	250 g	Mehl	1	Eigelb
	Rosenwasser (sparsam)	30 g	Schmalz	1 EL	Rosenwasser
3	Eiweiß	1	Ei		
⅛ l	Sahne	1	Eigelb		
125 g	Zucker	3 EL	Wasser		

Förmchen oder Papiermanschetten, Springform oder Tarteform von 26 cm ∅

ZUBEREITUNG: Mürbeteig nach den Anweisungen im Basisrezept für Straubenteig (S. 35) zubereiten, 1–2 Std. kühl stellen. Mandeln mahlen, ev. im Mörser zerstoßen, mit Rosenwasser beträufeln. Steifgeschlagenes Eiweiß, Mandeln, Sahne, Rosenwasser und Zucker verrühren.

Den Mürbeteig ausrollen, in die Förmchen oder auf den Boden einer Spring- (oder Tarte-)form verteilen, einen Rand formen. Die Mandelmasse einfüllen. Im vorgeheizten Backofen (E: 200°) ca. 50 Min. backen, bis die Ränder knusprig braun sind. Mit dem Gemisch aus Eigelb und Rosenwasser bepinseln und noch 5 bis 10 Min. weiterbacken.

Nonnenfürzle

UNTER DEM BEZIEHUNGSREICHEN Namen «Nonnenfürze» sind eine ganze Reihe sehr unterschiedlicher Rezepte überliefert. Das *Mondseer Kochbuch* aus der Mitte des 15. Jahrhunderts beschreibt eine Suppeneinlage, die entfernt an Backerbsen erinnert, doch sind die Nonnenfürzchen nicht aus Brandteig, sondern aus einem Eierteig hergestellt:

Gebackene Bohnen oder Nonnenfurz in Tunke

Für ein «Gemüse» roll einen Eierteig mit einer Kuchenrolle etwa einen halben Finger dick aus und schneide ihn in Würfel wie Bohnen. Wirf diesen Teig in heißes Schmalz, er ist schnell gebacken. Gieß das Schmalz ab und laß (die ausgebackenen Würfel) trocknen. Und gib sie in eine Tunke oder sonst eine Sauce, und laß die Weinsauce aufkochen, bevor du die Bohnen hineingibst. Bewahr es vor dem Naschen; so kannst du es lange Zeit aufbewahren.

ALS SUPPENEINLAGE FÜR 4 PERSONEN

2	Eier
1	Eigelb
150 g	Mehl
	Salz
100 g	Schmalz zum Ausbacken (oder: 1 l Rinderbrühe)

ZUBEREITUNG: Aus Eiern, Eigelb, Mehl und Salz einen festen Teig herstellen, etwa ½ Finger dick ausrollen und in feine Würfel schneiden. Das Schmalz in einem Topf erhitzen, die Würfel darin ausbacken und hernach als Suppeneinlage verwenden. Man kann die Würfel auch gleich in der Brühe garen, für die man sie haben will; das dauert etwa 5–10 Minuten.

Nürnberger Lebkuchen

Nimm ein Maß Honig, tu ihn in einen großen Topf, schäume ihn gut ab und laß ihn eine gute Weile kochen. Tu 1½ Pfund Zucker hinzu, rühre es ständig mit einem hölzernen Spatel und laß es so lange kochen, wie man ein paar Eier kocht. Schütte es so heiß zu einem Viertel Pfund Mehl, rühr es vorsichtig um und tu das beschriebene Gewürz in den Teig, rühre ihn vorsichtig und nicht lange. Nimm ein Lot Zimtstangen, 3 Lot Muskat, eineinhalb Lot Nelken, 6 Lot Ingwer, ein Quentchen Muskatblüte, und jedes einzeln geschnitten oder gestoßen, damit es nicht zu klein ist, grob gespalten insbesondere die Zimtstangen. Wenn du die Gewürze in den Teig getan hast, so laß den Teig solange stehen, wie man ein paar Eier hart kocht. Tauch die Hände in Mehl und nimm feine Häuflein aus dem Teig und forme Kügelchen daraus, wieg sie ab, damit eines soviel habe wie das andere. Rolle sie mit einem Nudelholz aus, streich sie mit der Hand glatt, je glatter, desto hübscher. Tunk danach den Model in Rosenwasser und drück ihn darauf. Nimm acht Lot Teig für einen Lebkuchen. Achte darauf und tu kein Mehl hinein, sonst würden sie nicht gut; aber auf das Brett kannst du schon Mehl tun, damit sie nicht festkleben. Laß sie über Nacht liegen.*

Und wenn du es zum Bäcker trägst, so sieh zu, daß du ein zweites Brett hast, das bestreue ordentlich mit Mehl, so daß es ganz dicht bestreut ist. Tu das Brett mit dem daraufgestreuten Mehl in den Backofen, damit das Brett ganz heiß wird, je heißer, desto besser. Nimm es danach heraus, tu die Lebkuchen darauf, so daß keiner den anderen berührt. Tu sie in den Ofen, daß sie backen und schau oft danach. Zuerst werden sie weich wie Schmalz, wenn du sie anfaßt, empfindest du es genau. Und wenn sie ganz trocken werden, nimm sie heraus und dreh das Brett um, so daß der Vorderteil nach hinten in den Ofen kommt. Laß es eine kleine Weile so stehen. Danach nimm es heraus. Nimm einen kleinen Kehrbesen, kehre das Mehl sauber von der Unterseite des Lebkuchens herunter und lege die Lebkuchen unterdessen auf ein anderes Brett, bis du einen Lebkuchen nach dem anderen abgekehrt hast, so daß kein Mehl mehr an der Unterseite ist. Danach kehr das Mehl ganz sauber vom Brett herab, leg die Lebkuchen wieder darauf, daß der Boden der Lebkuchen nach oben liegt. Nimm einen Badeschwamm, tauch ihn in Rosenwasser, drücke ihn wieder aus, wasch (damit) auf dem Brett das Mehl von der Unterseite (der Lebkuchen) ab. Achte darauf, daß dir kein Wasser auf das Brett kommt, denn sie würden festkleben. Tu danach das Brett mit den Lebkuchen wieder in den Backofen,

* Wenn die Gewürze nicht pulverisiert sind, ist der Lebkuchen schärfer: Pfefferkuchen.

damit die Unterseiten schön aufgehen und hart werden. Dann nimm das Brett wieder heraus. Achte darauf, daß zwei oder drei Personen bei dem Brett sind, die die Lebkuchen schnell umdrehen, denn sie kleben sonst fest. Danach nimm Rosenwasser und wasch sie an der Oberseite ab, wie du es an der Unterseite getan hast. Tu sie wieder in den Ofen, laß sie trocken werden. Trag sie nach Hause und bewege sie auf dem Brett, damit sie nicht festkleben.

Und wenn sie erkaltet sind, so leg acht oder zehn aufeinander, schlag sie in Papier ein, bewahr sie an einem trockenen Ort auf, so daß keine Luft daran kommen kann, so bleiben sie rösch.

FÜR CA. 28–30 STÜCK (OHNE MODEL)

200 g	Honig
50 g	Zucker
180 g	Mehl
1 cm	Zimtstange
½	gestr. Teelöffel Muskat(pulver), möglichst frisch reiben
1	gestr. Teelöffel Ingwer(pulver), ev. getrocknete Ingwerstücke oder frischen Ingwer im Mörser zerkleinern
¼	gestr. Teelöffel Nelken(pulver), möglichst im Mörser zerkleinerte Nelken
1 Msp	Muskatblüte (Macis)
	Rosenwasser
28–30	Backoblaten (5 cm ∅)
	Mehl zum Ausrollen

ZUBEREITUNG: Honig in einem Topf zum Kochen bringen, Zucker hinzufügen, mit einem Holzlöffel umrühren und 5 Minuten kochen lassen. Mehl in eine Rührschüssel geben, die heiße Honig-Zucker-Mischung hinzugeben, langsam umrühren. Die Gewürze untermengen. 10 Minuten stehen und abkühlen lassen. Die Arbeitsplatte mit Mehl bestäuben, den Teig portionsweise auskippen. Oblaten im Abstand von ca. 3 cm auf ungefettete Backbleche verteilen. Die Hände mit Mehl bestäuben. Mit einem Teelöffel fleischklößchengroße Portionen vom Teig abstechen und zu glatten Kugeln formen. Auf die Oblaten setzen und in der Mitte mit dem Finger eindrücken. Dabei muß der Teig ca. 1 cm vom Rand der Oblate entfernt sein, da er beim Backen auseinanderläuft. Über Nacht stehen lassen.

Den Backofen auf 175° vorheizen. Auf der mittleren Schiebeleiste 13–15 Minuten backen. Wenn die Lebkuchen hellbraun sind, sind sie gar. Aus dem Ofen nehmen, sofort vom Blech nehmen und mit Rosenwasser bepinseln.

Tip: Die Lebkuchen werden beim Abkühlen recht hart und eignen sich gut zum «Eintunken»; will man sie weicher, muß man sie luftzugänglich aufbewahren.

Käseküchlein

Willst du Käseküchlein backen, dann reibe einen besonders guten Parmesankäse und tu geriebenes Weißbrot daran, bis es sehr dick wird. Danach schlag Eier hinein, bis es ein schöner Teig wird. Danach mach runde Kügelchen in derselben Größe wie die gebrühten Küchlein und laß sie langsam backen. Dann sind sie fertig.

FÜR CA. 26 STÜCK IN FLEISCHKLÖSSCHENGRÖSSE:

100 g	Parmesan
50 g	feine Semmelbrösel (Semmelmehl)
2	Eier (Größe 2)
	Fett für das Backblech

ZUBEREITUNG: Den geriebenen Parmesan zunächst gut mit dem Semmelmehl vermischen, dann die Eier hineinkneten, zu einem festen Teigkloß verarbeiten. Kügelchen in Fleischklößchengröße in der Hand rollen, auf ein leicht gefettetes Backblech setzen; sie können eng gesetzt werden, denn sie behalten die Form. Den Backofen auf 200–210° vorheizen, auf der mittleren Schiebeleiste 13 Minuten backen. Auf einem Holzbrett oder Kuchengitter auskühlen lassen.

Tip: Die Käseküchlein schmecken am besten frisch, können aber auch für kurze Zeit in einer luftdicht verschlossenen Blechdose gelagert werden. Dabei wird allerdings die äußere Schicht, die anfangs kroß ist, wieder weich.

Scheingerichte

Die Welt, die will betrogen sein

Sebastian Brant, «Narrenschiff»

Morcheln (aus Hühnerfleisch oder Hecht- oder Lachsfleisch)

Ein gutes Gericht

Nimm Hühnerbrust und hack sie klein und zerstoß sie in einem Mörser und tu ein wenig Mehl dazu und grobes Brot, Pfeffer oder Ingwer, nicht zuviel Salz, je nach der Menge ein Ei oder zwei. Laß das zusammen stocken. Schneide zwei ein Finger lange Spießchen, die vorne glatt und rund sind. Und nimm in der Größe einer Morchel von der gestockten Masse, rolle es rund in der Hand und leg es um den Spieß wie eine Morchel und drück es fest, so daß es uneben (also einer Morchel ähnlich) wird. Leg es in einen Topf, laß es an dem Spieß kochen. Während es kocht, präpariere den anderen Spieß; wenn du den einen herausnimmst, so leg den anderen hinein. Und mach davon, soviel du willst. Wenn sie gar gekocht sind, so nimm sie heraus, rühre ein gehacktes Mus mit Butter an, das fülle in die Morcheln und stecke sie dann quer an den Spieß, erhitze sie und beträufle sie mit Butter und servier sie. Ebenso kannst du Morcheln aus Hechten und Lachsen oder woraus du willst, machen.

Für 4 Personen

4–8	hölzerne, etwa fingerdicke Spießchen		Pfeffer
4	metallene Schaschlikspießchen		Salz
500 g	Hähnchenbrustfilet (oder Fischfilet)	1	Ei
75 g	Mehl	1 l	Hühnerbrühe
1	Scheibe Roggenbrot (ohne Rinde)	20 g	Butter
2 St	Ingwer		

Zubereitung: Das Hähnchenbrustfilet in Mixer pürieren; 400 g abnehmen, mit dem Mehl, der zerbröselten Scheibe Roggenbrot, dem geschälten und geriebenen Ingwer, Pfeffer und Salz abschmecken, das Ei gründlich in die Masse einarbeiten. Die Hühnerbrühe zum Kochen bringen. Die Fleischmassen in etwa 10 cm langen Portionen um die Holzspieße kleben; dabei soll die Außenseite uneben sein, um den charakteristischen Morchelhut zu imitieren. In leicht kochender Hühnerbrühe garen, herausnehmen, von den Spießen abnehmen und abtropfen lassen. Die restlichen 100 g Hähnchenbrustfilet mit der kalten Butter vermengen, behutsam in die Höhlungen der «Morcheln» füllen. Die «Morcheln» quer an Schaschlikspieße stecken und auf dem Grill 5–7 Minuten pro Seite braten.

Käse oder Butter (aus Mandelmilch)

Eine gute Fülle

Nimm Mandelkerne, zieh sie in kochendem Wasser ab und wirf sie in kaltes Wasser, sortiere die bitteren aus und zerstoß die besten in einem Mörser. Wenn sie anfangen, ölig zu werden, beträufle sie mit etwas kaltem Wasser und zerstoß sie kräftig und vermische sie mit ebensoviel kaltem Wasser. Und seih sie durch ein schönes Tuch, und tu die Pulpe wieder in den Mörser, zerstoß sie erneut und schlag sie durch ein Tuch. Schütte alles in einen Topf und halte ihn über das Feuer, tu eine Eierschale voll Wein dazu und rühre es gut durch, bis es kocht. Nimm ein schönes Beuteltuch und leg es auf sauberes Stroh und gieß die (Mandel-)milch darauf, bis sie überfließt. Von dem, das dann auf dem Tuch bleibt, mach einen Käse. Willst du Butter daraus machen, so laß ein wenig Safran zusammen mit der Mandelmilch aufkochen und servier es wie Butter oder Käse.

Für 4 Personen

150 g	Mandeln
½ l	Wasser
1 cl	Weißwein
1	Port. Safran

Zubereitung: Aus Mandeln und Wasser nach den Anweisungen im Basisrezept (S. 33) eine Mandelmilch bereiten. In einem Topf aufs Feuer setzen; den Weißwein hinzufügen und unter Rühren aufkochen und bei geringer Hitze auf ⅔ reduzieren. Dann die Masse erneut auf ein Haarsieb geben und 2 Stunden abtropfen lassen. Das Ergebnis ist ein «Käse» aus Mandelmilch.

Will man Butter imitieren, so färbt man vor dem letzten Arbeitsgang die Mandelpulpe mit Safran gelb.

Eier im Pfeffer

(aus Mandelmilch-Masse in pikanter Ingwer-Weinsauce)

Eier im Pfeffer für die Fastenzeit

Nimm zwei Pfund Mandeln und zerstoß sie (im Mörser) und reib sie fein und tu etwas Zucker daran, so wird es dadurch ölig. Nicht kochen lassen, die (Mandel-)milch soll dick sein, so kann er davon die Eier machen, wie er will. Nimm ein wenig (Mandel-)milch und tu Safran daran und mach haselnußgroße Dotter daraus. Und nimm ein kleines weißes Tuch, das sollst du in die Hand legen. Darauf leg das Weiße und mach eine Höhlung und leg das kleine Dotter in das Weiße und tu (Weißes) darüber, so daß es wie ein Hühnerei geformt ist. Davon sollen genug für ein Gericht sein. Und wasch ein Pfund Ingwer schön und reib ihn fein und (ebenso) eine Schnitte Weißbrot. Tu das in eine Brühe und schlag es (durch ein Tuch) mit gesüßtem Wein und Pfeffer und Zucker. Das heißt: in dem Pfeffer.

In der Anweisung für die Zubereitung der Mandelmilch fehlt in diesem Rezept die Zugabe von Wein und Wasser; es kann sich dabei allerdings auch nur um eine sehr kleine Menge handeln, denn die Mandelmilch muß ja sehr dick sein, wenn man aus der Mandelmasse «Eier» formen will.

FÜR 4 «EIER»

Für die Eier		*Für die Sauce*			
300 g	Mandeln	1/8 l	(Erbs)brühe	1–2 EL	Zucker
1/4 l	Wasser und Weißwein	1/8 l	lieblicher Weißwein	Pfeffer	
75 g	Zucker	100 g	frischer Ingwer		
1	Port. Safran	1	Scheibe Toastbrot	Frischhaltefolie	

ZUBEREITUNG: Die Mandeln mit dem Wasser-Wein-Gemisch nach den Anweisungen im Basisrezept (S. 33) zu einer dicken Mandelmilch verarbeiten, den Zucker darin verrühren. Die Mandelmasse in ein sehr feines Haarsieb schütten, die Flüssigkeit ablaufen lassen. Die Masse mehrmals kräftig ausdrücken, eventuell einen kleinen Teller als Gewicht daraufsetzen und ca. 2 Stunden stehen lassen. Danach etwa 1/5 der Mandelmasse abteilen, mit Safran gelb färben und zu dottergroßen Kügelchen formen. Dann von dem Rest der Mandelmasse die Eier formen; dazu jeweils ein Stück Frischhaltefolie in die Handhöhlung legen, Mandelmasse hineinfüllen, wie ein halbes gekochtes Ei formen; eine Höhlung für das «Dotter» machen und eines der zuvor geformten Kügelchen hineinlegen; mit weiterer weißer Mandelmasse zu einem ganzen «gekochten Ei» formen und das fertige «Ei» auf einem Dessert-Teller anrichten.

Für die Sauce den Ingwer schälen und reiben. Brühe und Wein aufkochen, den Ingwer und das zerbröselte Toastbrot hineingeben, mit Zucker und Pfeffer zu einer scharfen, aber süßlichen Sauce abschmecken.

Eier (aus Fisch)

Willst du Eier aus Fisch machen, so nimm das Fleisch von Hechten und stoß das in einem Mörser. Und nimm danach Ingwer(stückchen) und röste sie kurz, so daß sie die Dotter bilden. Und brich danach das Ei an beiden Enden auf und tu den Dotter heraus. Und mach (den Fisch) zerstoßen mit gutem Gewürz an und füll das in die Eierschale und legs in einen Mörser und röste es kurz. Danach schäl es und steck es an einen Bratspieß und salz es und brate es so.

FÜR 4 PERSONEN ALS VORGERICHT

500 g	Hechtfilet
8	möglichst große Eier
200 g	große Ingwerknollen
20 g	Schmalz oder Butter
¼ TL	Pfeffer
1 TL	Salz

ZUBEREITUNG: Den Backofen auf 200° vorheizen. Das Hechtfilet im Mixer pürieren, kräftig salzen und pfeffern. Den Ingwer schälen, Stücke von der Form eines halben (gekochten) Eidotters herausschneiden, in der Butter anrösten. Die Eier (an der stumpfen Seite) vorsichtig köpfen, Eiweiß und Eigelb herauslaufen lassen. Das Ei vorsichtig zur Hälfte mit Fischpüree füllen, die Ingwer-«Dotter»-Hälften hineingeben, mit Fischpüree auffüllen. Die gefüllten Eier in eine Auflaufform legen, im vorgeheizten Ofen (auf der mittleren Schiene) etwa 30 Minuten garen. Dann die «Eier» schälen, auf dem Grill noch gut 10 Minuten weitergaren.

Gepreßter Schweinskopf (aus Fisch)

Willst du gepreßten Schweinskopf machen, so nimm Karpfen, Schleie oder Barben und schupp sie schön und schneid sie in Stückchen und tu sie in einen Topf und gieß zur Hälfte Wasser und zur Hälfte Wein daran, soviel, daß die Brühe die Fische etwa einen Finger lang bedeckt. Und halte sie über ein kräftiges Feuer und laß sie kochen. Und wenn sie auf die Hälfte eingekocht sind, so seih die Brühe ab und nimm die Fische und nimm die Gräten heraus und hack das Fischfleisch und tu es wieder in den Topf und gieß wieder etwas Brühe daran und laß es wieder ein wenig einkochen. Und koch die Schuppen und streich sie durch (ein Tuch) und gieß beides zusammen in ein Gefäß und laß es stehen, bis es fest wird. Dann setze es wieder auf das Feuer und nimm es bald wieder herunter und setze es auf einen Tisch und schütte es in eine kalte, süße Brühe. In der Fastenzeit für gepreßten Schweinskopf.

FÜR 4 PERSONEN

1 kg	Karpfen oder Schleie
2–2½ l	trockener Weißwein und Wasser, je zur Hälfte
2 EL	Salz
6–8	schwarze Pfefferkörner
1	Lorbeerblatt
1	Zwiebel
⅛ l	lieblicher Weißwein
⅛ l	Wasser
1½	gehäufte EL Zucker
2 St	Ingwer (je ca. 1 cm; frisch oder getrocknet)
1	Prise Zimt
1–2	Nelken

ZUBEREITUNG: Den trockenen Weißwein mit Wasser, Salz, schwarzen Pfefferkörnern, Lorbeerblatt und der geschälten, aber ganz belassenen Zwiebel zum Kochen bringen. Die Fische waschen und in mehrere große Stücke schneiden, in dem Sud etwa 30 Minuten kochen lassen. Herausnehmen, häuten und entgräten. Haut und Gräten in ⅜ l Wasser nochmals 30 Minuten bei geringer Hitze kochen. Die Flüssigkeit abseihen und zum zerzupften Fischfilet geben. Kalt stellen.

Den lieblichen Weißwein mit Wasser und Zucker aufkochen. Den Ingwer schälen und in die Flüssigkeit reiben, mit Zimt und Nelken würzen. Die Brühe erkalten lassen und zum Fisch servieren.

Rehbraten zur Fastenzeit

Willst du einen Hohlbraten oder einen sogenannten Rehbraten in der Fastenzeit machen, so nimm Feigen und Weinbeeren und koch sie in gutem Wein. Hack sie klein, streu Mehl hinein und vermisch das gut. Schmecke es mit Salz und Gewürzen ab. Befeuchte die Hände und schlag die Feigen mit nassen Händen um einen Spieß wie einen Hohlbraten und drück ihn gut an und leg ihn aufs Feuer. Wenn er dann gebraten ist, so schneide ihn der Länge auf beiden Seiten am Spieß entlang an. Mach hübsche Stücke daraus und besteck sie mit vergoldeten oder gefärbten Mandelkernen und servier es. Du kannst Zucker oder frischen Ingwer darauf streuen. Den Braten begießt man auch mit Milchschmalz.

FÜR 4 PERSONEN

8	frische Feigen
	(oder: 10 getrocknete Feigen)
125 g	Rosinen
⅛ l	Weißwein
⅛ l	Wasser
2–3 EL	Mehl
	Salz
8–10	schwarze Pfefferkörner
1 St	Ingwer oder 1 TL Ingwerpulver
2 Msp	Zimt
1	Prise Kardamom
30 g	geschälte Mandelkerne
1	Port. Safran
1 EL	Weißwein
3 EL	Butterschmalz

ZUBEREITUNG: Die frischen Feigen häuten, kleinschneiden, zusammen mit den Rosinen in Wein und Wasser aufkochen. Den Ingwer schälen und reiben, die Pfefferkörner im Mörser grob zermahlen. Ingwer, Zimt, Kardamom, Salz und Pfeffer in die Feigenmasse geben. Die Flüssigkeit reduzieren, die Masse mit Mehl binden, etwas abkühlen lassen und mit den Händen zu einem länglichen Kloß formen. Auf dem Grill 30–40 Minuten braten; währenddessen öfter wenden und mit aufgelöstem Butterschmalz begießen. Den Safran in Weißwein lösen, die Mandeln hineintauchen und färben. Vom fertigen «Rehbraten» Tranchen abschneiden und diese mit den gefärbten Mandeln bestecken.

Schauessen

Trinken und essen mehr als tut not,
ist der Seele ewiger Tod.
Idsteiner Spruch, Nr. 46

Schaugerichte

Bei den zum Teil sehr effektvollen Schaugerichten verzichte ich darauf, Hinweise zum Nachkochen zu geben, weil entweder die Zutaten, wie z. B. ein Bärenkopf, nicht zu bekommen sind oder der Arbeitsaufwand in einem heutigen Haushalt kaum mehr zu leisten ist.

Bärenkopf

Einen Bärenkopf oder einen Schweinekopf bereite sauber zu und teile ihn entzwei und koch ihn gar und schneide die Haut so würfelförmig ein, daß sie noch am Knochen bleibt. Und leg den Kopf auf ein Rost und gieß heißes Fett darüber und streu ihm Gewürze in die Schnittspalten und servier ihn trocken (ohne Sauce).

Osterlamm

Nimm ein Lamm, zieh die Haut bis auf die Klauen ab, bedeck ihm aber die Ohren, die Füße und den Schwanz mit einem nassen Tuch, damit die Haare nicht verbrennen. Brate das Lamm so im ganzen auf einem Brett im Ofen. Und willst du, daß es steht, so stecke ihm Spieße in die Füße. Wenn es fast gar gebraten ist, begieß es mit Eiern und nimm es heraus, laß es erkalten. Fülle dann ein Tuch, das drei Spannen lang sein soll, mit Butter und bind es zu und preß sie heraus mit einem Prügel: sie kommt kraus hindurch wie richtige Schafwolle, die nimm dann und mach dem Lamm daraus Wolle. Stell es dann auf ein schönes Brett, mach einen Zaun aus Butter herum, wie im folgenden Rezept beschrieben.

Ein Lamm auf andere Art.

Mach es genauso, wie zuvor beschrieben, verhülle es mit einer mehrfarbigen Decke. Die mach wie folgt: Nimm Eier, trenne das Weiße und das Gelbe, verquirle die Eier, tu ein wenig Salz darein und Zucker, nimm eine Pfanne, tu sauberes Schmalz hinein, laß es heiß werden, gieß das Schmalz vollständig aus der Pfanne, gieß das Eiweiß hinein, laß es in der Pfanne hin und her laufen (damit es sich verteilt), halt es über das Feuer, aber nicht zu lange, nur bis es anfängt zu zittern. Danach halt die Pfanne an das Feuer, bis es trocken wird, aber halte es nicht zu nahe heran, damit es weiß bleibt. Und mach auf diese Weise soviele Pfannkuchen, wie du willst. Mach sie nicht zu dick, nur wie ein dünnes Tuch. Danach mach die gelben ebenso, tu Safran an die Dotter; ebenso mach auch die braunen, nimm Latwerge von Weichselkirschen und streich die mit Eiern (bzw. Eidottern) durch (ein Tuch) und mach Pfannkuchen daraus. So hast du vier (!) Farben, damit bedeck das Lamm; und schneide die Farben der Länge nach, so breit wie du willst; dann nimm Zimtstangen und mach kleine Nägel daraus, zieh sie an den dicken Enden durch Straubenteig, der gelb sein soll, dann bekommen sie Köpfe. Wenn du willst, kannst du sie vergolden oder versilbern. Dann nimm harte Eier und schneide ihnen oben die Spitze ab, nimm dann die ausgebackenen Zimtstangen, stoß sie durch die Eierspitze und hefte so die Farbe an das Lamm. Und färb die Eier zur Hälfte gelb, das andere laß weiß. Mach einen Zaun um das Lamm aus guten Gewürzen, tu das Lamm auf ein Brett. Danach nimm geräuchertes Fleisch, das schön rot sein soll, koch es und schneide das Äußere weg, hack es klein, nimm dann Eier, koch sie hart, schneide sie auseinander, das Weiße und das Gelbe getrennt, hack jedes für sich. Und wenn das Lamm fertig ist, so tu das Weiße an einem Ende auf das Brett und das Gelbe am anderen, gegenüberliegenden Ende oder anderswohin; und leg ganze hart gekochte Eier dazu und auch Pfannkuchen, wenn du hast oder willst, auch Honig. Das Lamm ist angenehmer zu essen als das zuvor beschriebene; wie man das Fleisch auch macht, es wird nicht häßlich, und man kann alles essen außer dem Brett.

Tiergarten

Mehr Fabulierlust als realisierbare Kochanweisung erscheint in Meister Hannsens «Rezept» für einen Tierpark:

So sollst du einen Tiergarten machen

Willst du einen Tiergarten haben, so nimm Mehl und Eier, damit kannst du formen, was du willst, aus Fleisch oder Fisch, zehnerlei (Tiere) in einem Garten. Der Garten soll umgeben sein mit einer Mauer aus Ziegeln. Wenn du keine Ziegel haben kannst, so sollst du ihn mit Pfannkuchen umgeben, damit das Wild nicht entfliehe. Wenn du aber keine Planken haben kannst, so mach einen Zaun aus Gerten; die sollen aus Eiern und Mehl gemacht sein; nimm Eiweiß und Semmelmehl, daraus sollst du die Gerten machen. Und du sollst Petersilie und anderes Grün haben, das sollst du fein reiben, und sollst Salbei haben; und du sollst die Dotter aus den Eiern nehmen und ein ganz klein wenig Mehl darunter (mischen), daraus mach einen Teig, und du kannst daraus die grünen Gerten machen. Nimm Semmelteig, brenn ihn aber nicht, tu Eier daran, mach die Stecken daraus, und tu Safran daran, so werden die Stecken gelb. Die Stecken röste in Schmalz. Und mach aus Eiern einen Teig und aus Käse mach einen Fladen, wie du den Osterfladen machst. So sollst du ein Aufsichtsgebiet eines Jagdaufsehers in dem Garten machen; dessen Gerten sollen eine Spanne lang sein; die steck ab. Und es soll ein Turm darin sein, ein Weg soll da hindurchgehen. Oben um den Turm soll ein Gang gehen, darauf sollen Damen und junge Mädchen, Knappen und Ritter stehen, wenn sie das Wild ansehen und fangen wollen. Außen um den Garten soll ein Graben gehen, darin sollen lebendige Fische stehen. Und zwischen dem Zaun und dem Graben sollen Bäume stehen, die sollen Äpfel, Birnen, Muskatnüsse und Nüsse tragen. So sieht man auf den Bäumen überall Eichhörnchen, und Vögel sollen auf den Bäumen stehen. Vor dem Garten soll ein Torwächter stehen, der soll golden sein. Die (Damen und Ritter?) sollen und wollen fröhlich sein. Das soll vor dem Essen geschehen; da sieht man, wie der Tiergarten hergebracht wird. In dem Garten sind Männer und Damen und ein paar junge Mädchen. Wer das aber nicht glauben will, der kann es wohl sehen. Wenn es zu Tisch kommt, so kann man es wohl sehen. Und wißt, darin sind auch Schützen und zum Krieg gerüstete Knappen und andere kurzweilige Dinge sind; Köche findet man darin; so sieht man die (Zug-)Brücke heruntergehen, so wird das Tor aufgetan, so sieht man die Bischöfe herauskommen und den Koch darunterstehen, der das Feuer hineingetan hat, er (der Bischof?) setzt sich zu Tisch und nimmt ein Gefäß zur Hand, daraus läßt man ihm aufgeben, dann setzt er es wieder auf den Tisch. Darin sind zweierlei Vögel, das sollt ihr wissen; und wenn sie einander nicht gegessen haben, so fliegen die andern davon. So sehe ich einen Affen in dem Tiergarten gehen. Und das ist ein … usw. Wenn sie mehr essen wollen, so gib gebackenen Fisch und gekochten und gebratenen. Usw.

Burg (aus vierfarbigem Teig, mit Huhn und lebendigen Vögeln)

Willst du eine Burg machen, so mach vier Pfannkuchen, einen grün, den anderen rot, den dritten blau, den vierten gelb. In die Burg soll ein Huhn und vier lebende Vögel.

Scherzrezepte

Allerlei Tischsitten

Mancher beträuft Tischtuch und Kleid,
legt auf die Schüssel wieder breit,
was ihm ist ungeschickt entfallen
Unlust bringt es den Gästen allen.
Andere wiederum sind so faul,
wenn die den Löffel führen zum Maul,
dann hängen sie den offnen Rüssel
so über Platte, Mus und Schüssel,
daß, fällt ihnen etwas dann darnieder,
dasselbe kommt in die Schüssel wieder.
Etliche sind so naseweise:
Sie riechen vorher an der Speise
und machen sie den andern Leuten
zuwider, die sie sonst nicht scheuten.
Etlich kauen etwas im Munde
und werfen das vor sich zur Stunde
auf Tischtuch, Schüssel oder Erde,
daß manchem davon übel werde.
Wer einen Mundvoll gegessen hat
und legt es wieder auf die Platt'
oder lehnt sich über den Tisch
und lugt, wo sei gut Fleisch und Fisch,
wenn das auch andern näher lag,
er packt und nimmt es in Beschlag
und läßt es vor sich stehn allein,
daß es nicht andern sei gemein:
einen solchen man ‹Schlingrabe› nennt,
der über Tisch sich selbst nur kennt,
und darauf legt Mühe und Fleiß,
daß er allein eß' alle Speis
und er allein sich füllen könne
und andern nicht das gleiche gönne.
Einen solchen heiße ich: ‹Räumdenhagen›,
‹Leersnäpfli›, ‹Schmierwanst›, ‹Fülldenmagen›.

Sebastian Brant, «Narrenschiff»

Ein guot lecker koestelin: Eine herrlich leckere Köstlichkeit

So bereite zum Schluß eine kleine leckere Köstlichkeit aus Stichlingsmagen und Fliegenbeinen und Buchfinkenzungen, Meisenbeinen und Froschkehlen. So kannst du lange ohne Sorgen leben.

Vexierrezept für diejenige so gar zu feist vnd dick seind, dasz sie nicht gehen konden: Rezept für diejenigen, die so dick und fett sind, daß sie nicht mehr gehen können (1626)

Zunächst nimm zur Morgensuppe ein Pfund Sorgen, gekocht in ungarer Liebe; zu Mittag iß zwei Pfund Melancholie; zum Abendessen nimm viele Schulden an, aber kein Geld, um diese zu bezahlen; zum Nachtessen nimm einen Sack voll schlecht begründeter Prozesse; danach leg dich in ein Bett, das mit Läusen, Flöhen, Wanzen und Filzläusen und dergleichem Getier zubereitet ist; dann wird er gewiß schon mager werden. Das ist ausprobiert worden.

Ein guot gerihte der ez gern izzet: Ein wohlschmeckendes Gericht für einen, der es gern ißt

Wenn du eine gute Beilage machen willst:
so nimm ein Seidel voll Schweiß,
das macht den Magen schön heiß,
und nimm das Fett von einem Kieselstein,
das tut gut den hüftlahmen Mägdelein,
und nimm Brom- und Erdbeeren aus dem Garten –
etwas Besseres kannst du nicht erwarten.
Bist du nicht völlig dumm und taub,
so nimm grünes Weinrebenlaub,
ferner sollst du Binsen nehmen,
dich zu Liebstöckel und Minze bequemen,
das gibt die rechte Würze
für die großen Fürze.
Nimm Stieglitzfersen und Fliegenbein,
das gibt der Speise Süße ein,
das ist gut und es ist recht,
als Brechmittel gar nicht schlecht.
Aber nun versalz es nicht,
denn es ist ein herrliches Gericht!

Rezept gegen alle Krankheiten ausprobiert von Herrn Stephan Lunnkarm, offizieller Meister der Physik (1463)

Zuerst nimm die Leber von einem Marmorstein, die Lunge von einem Achat, das Herz von einer Holzhacke, die Milz von einem Garnrocken, das Blut von einem Schwertknauf und vermisch es mit 4 Lot Sonnenschein und trink das nüchtern zwischen Pfingsten und Nürnberg.

Wenn das nicht hilft, dann nimm 4 Lot Vogelgesang, 2 Lot Schwalbenflug, 4 Lot Kieselschmalz, 5 Lot Fastnachtstanz, 4 Pfund Himmelblau und mach ein kräftiges Feuer darunter, und nimm ein viertel Pfund Schnee, der an der Sonnenwende gefallen ist, und dörre diese Materie über dem Feuer, und nimm zwei Stunden Träume von nachts vor dem Schlafengehen hinzu.

Und wenn das auch nichts hilft, so nimm Schatten vom Friedhof und 4 Pfund vom schnellen Hasenlauf und 3 Lot Elsternschritt, 8 Lot Blütenduft, 7 Lot Fett von Stieglitzfersen und ein Paar geflickte Holzschuhe, davon mach ein Bad, das gieß in ein Sieb und deck es oben gut ab mit einem Fischernetz, damit der Dampf nicht abziehen kann; dann gab es nie ein edleres Bad.

Will das alles nicht helfen, dann nimm 1 Pfund Eselschläue und 3 Lot Jungfrauen-Gedanken, 5 Lot Frauentreue, 2 Lot Witwenklage, 10 Lot Nonnengesang und ebensoviel Glockenklang, 10 Lot Neuigkeiten von den Schweizern * *und 10 Zentner der großen Lüge von den Armagnaken und binde die zusammen mit einem Affenschwanz und leg das um Mitternacht in die heiße Sonne, dann dorrt es, und danach leg es in eine Pfanne aus Stroh und koche es gut über einem Feuer aus Eiszapfen, und trink Wein aus einem leeren Becher, der keinen Boden hat, und trink ungarischen Wein, der am Rhein gewachsen ist.*

Und will das alles nicht helfen, so nimm Ich-weiß-nicht-was und mach damit ich-weiß-nicht-was, dann wirst du gesunden von Ich-weiß-nicht-was.

* Die Anspielungen auf die Auseinandersetzung zwischen den Schweizern und den Armagnaken lassen darauf schließen, daß das Rezept in der Zeit des Krieges entstand, den Karl VII. von Frankreich 1443–1445 mit Hilfe der Söldner des Grafen von Armagnac, den wegen ihrer Plünderungen berüchtigten Armagnaken, gegen die Eidgenossen führte. Die Eidgenossen besiegten die Armagnaken 1444 bei St. Jakob an der Birs.

Höllischer Speisezettel (1630)

Luzifer läßt dem Küchenmeister befehlen, daß er neben den gewöhnlichen Höllenspeisen etliche Spezialgerichte herrichten lasse:

«Küchenmeister, da heute, am 2. Juli, ein Generalbankett gehalten wird, wünsche ich, daß du, höllischer Koch Leerdenbeutel, folgende Spezialgerichte anrichtest:

1. Eine gedeckte Pastete mit Klöstern, Kirchen, Spitälern und Waisengütern;

2. Ein Vorgericht aus falschem Eid, Wucherhänden und solchen, die den Arbeitern ihren Lohn und den Armen das Almosen nicht gern gegeben haben;

3. dazu eingeweichte Zungen falscher Prediger und Lehrer, Flucher, Gotteslästerer, falscher Ratgeber und Ehrabschneider mit Pech und Schwefel aus höllischem Rauch;

4. dazu den besten Trank aus Basiliskenblut;*

5. die Teller ziert mit Servietten von bestem Stoff aus Fledermausflügeln.

* Der Basilisk, dessen Name von griech. basiliskós: «königlich» abgeleitet ist und der im Alten Testament mehrfach erwähnt wird, galt im Mittelalter als Verkörperung des Teufels, der Sünde und des Todes. Man stellte sich den König der Schlangen als ein Mischwesen aus Schlange und Hahn vor, dessen Blick und Atem töteten.

Anhang

Menü-Vorschläge

I.
Rotes Krebsgericht
Wachteln, zusätzlich zur angegebenen Sauce: Weichselkirschen-Sauce
Rinderzunge
Böhmische Erbsen
Pomeranzengemüse
Igel aus Mandelmus

II.
Fischsuppe mit Fischklößchen
Wachtelmus mit Weichselkirschen-Sauce
Kalbsnierenbraten im Teigmantel, Knoblauch-Salbei-Sauce
Feigenpfeffer
Quittenmus

III.
Briestorte
Gefüllter Hecht
Krumme Krapfen
Weichselkirschen-Kompott

IV.
Ausgebackener Rogen
Dreierlei Essen von einem Fisch
Blancmanger
Ausgebackene Morcheln
Birnenpudding

V.
Aal in Weinsud
Rehbraten im Teig
Weichselkirschen-Sauce oder Knoblauch-Salbei-Sauce oder Sauce zu weißen Hühnern
Morcheln in Mandelmilch
Gefüllte ausgebackene Äpfel

Bibliographie

Handschriftliche Quellen

Hessische Landes- und Hochschulbibliothek, Darmstadt
HS 88
Universitätsbibliothek Graz
HS 1609
Bayerische Staatsbibliothek, München
Cgm 415
Österreichische Nationalbibliothek, Wien
Cod. Vind. 2897
Cod. Vind. 2898
Cod. Vind. 4781
Cod. Vind. 4995
Herzog August Bibliothek, Wolfenbüttel
Cod. Guelf. 82.5 Aug. 2°
Cod. Guelf. 48.20 Aug. 4°
Cod. Guelf. 123 Blank.

Vgl. dazu:

Die Handschriften der Universitätsbibliothek Graz. Bearb. v. Anton Kern. Bd. 2, Wien 1956; Bd. 3, Wien 1967 (= Handschriftenverzeichnisse österreichischer Bibliotheken. Steiermark 2 u. 3).

Die mittelalterlichen Handschriften der Universitätsbibliothek München. Beschrieben von Gisela Kornrumpf u. Paul-Gerhard Völker. Wiesbaden 1968 (= Die Handschriften der Universitätsbibliothek München 1).

Catalogus Codicum Bibliothecae Monacensis. Bd. 3: Cgm 351–500. Neu beschrieben von Karin Schneider. Wiesbaden 1973.

Hermann Menhardt: Verzeichnis der altdeutschen literarischen Handschriften der Österreichischen Nationalbibliothek. Bd. 1, Berlin 1960; Bd. 2, Berlin 1961 (= Deutsche Akademie der Wissenschaften zu Berlin, Veröffentlichungen des Instituts für deutsche Sprache und Literatur 13).

Die Handschriften der Herzoglichen Bibliothek zu Wolfenbüttel. Beschrieben von Otto von Heinemann. II,5: Die Augusteischen Handschriften V. Wolfenbüttel 1903.

Gedruckte Quellen

Anton Birlinger: Kalender und Kochbüchlein aus Tegernsee. In: Germania 9/1864, S. 192–207.

Anton Birlinger: Aus dem Tegernseer Kochbüchlein. In: Anzeiger f. Kunde d. dt. Vorzeit NF 12/1865, Sp. 439 f.

Anton Birlinger: Alte Rezepte. In: Alemannia 16/1888, S. 58–60.

Das buoch von guoter spîse. Abbildungen zur Überlieferung des ältesten deutschen Kochbuchs. Eingel. u. hrsg. v. Gerold Hayer. Göppingen 1976 (= Litterae 45).

Daz buoch von guoter spise. Aus der Würzburg-Münchner-Handschrift neu hrsg v. Hans Hajek. Berlin 1958 (= Texte des späten Mittelalters 8).

Die lêre von der kocherie. Von mittelalterlichem Kochen und Speisen. Hrsg. v. Manfred Lemmer u. Eva-Luise Schultz. Leipzig (Insel-Verlag) 1980.

Alemannisches Büchlein von guter Speise. Hrsg. v. Anton Birlinger. In: Sb. d. Bayer. Akad. d. Wiss. Philos.-hist. Cl. 1865, S. 171–199.

Bruchstück eines alemannischen Büchleins von guter Speise. Hrsg. v. Anton Birlinger. In: Sb. d. Bayer. Akad. d. Wiss. Philos.-hist. Cl. 1865, S. 199–206.

Berthilde Danner: Alte Kochrezepte aus dem bayrischen Inntal. In: Ostbairische Grenzmarken. Passauer Jb. f. Geschichte, Kunst u. Volkskunde 12/1970, S. 118–128.

Ludwig Eid: Herzog Stephans Zweibrücker Küchenordnung de anno 1443. In: Das Bayerland 2/1892, S. 117–120, 125 f.

Gerhard Eis (Hrsg.): Die Groß-Schützener Gesundheitslehre. Brünn 1943 (= Südosteurop. Arbeiten 36).

Anita Feyl: Das Kochbuch Meister Eberhards. In: Ostbairische Grenzmarken. Passauer Jb. f. Geschichte, Kunst u. Volkskunde 5/1961, S. 352–366.

Anita Feyl: Das Kochbuch Meister Eberhards. Ein Beitrag zur altdeutschen Fachliteratur. Phil. Diss. Freiburg/Br. 1963.

Wolfgang Hirth: Die Diätetik des Küchenmeisters Eberhard von Landshut und eine deutsche Regel der Gesundheit nach Arnald von Villanova. In: Ostbairische Grenzmarken. Passauer Jb. f. Geschichte, Kultur u. Volkskunde 8/1966, S. 273–281.

Kochbuch von Meister Hannsen, des von Wirtenberg Koch. Hrsg. v. Wilhelm Wackernagel. In: ZfdA 9/1853, S. 365–373.

Hiltgart von Hürnheim: Mittelhochdeutsche Prosaübersetzung des «Secretum Secretorum». Hrsg. v. Reinhold Möller. Berlin 1963 (= DTM 56).

Wendelin Toischer: Aristotilis Heimlichkeit. In: Programm des k.k. deutschen Neustädter Staats-Ober-Gymnasiums zu Prag. Prag 1882, S. I–VI, 1–42.

Wendelin Toischer: Die altdeutschen Bearbeitungen der Pseudo-Aristotelischen Secreta Secretorum. In: Programm des k.k. deutschen Neustädter Staats-Ober-Gymnasiums zu Prag. Prag 1884, S. 1–36.

Ein mittelniederdeutsches Kochbuch des 15. Jahrhunderts. Hrsg. v. Hans Wiswe. In: Braunschweigisches Jahrbuch 37/1956, S. 19–55.

Hans Wiswe: Nachlese zum ältesten mittelniederdeutschen Kochbuch. In: Braunschweigisches Jahrbuch 39/1958, S. 103–121.

Aus Kochbüchern des 14.–19. Jahrhunderts. Quellen zur Geschichte einer Textart. Unter Mitarb. v. Renate Ertl u. Angelika Schmitt hrsg. v. Hugo Stopp. Heidelberg 1980 (= German. Bibliothek. 7. Reihe: Quellen z. dt. Sprach- und Literaturgeschichte).

Kuchenmeysterey. (Passau: bei Johann Petri um 1486). In Abbildung hrsg. v. Rolf Ehnert. Göppingen 1981 (= Litterae 71).

Leonhard Lier: Ein Ordnung eynes vernuenftigen Haushalters (16. Jh.). In: Alemannia 16/1888, S. 207–211.

W. Freiherr v. Löffelholz: Graue Joachim salige Haushaltung. In: Anz. f. Kunde d. dt. Vorzeit NF 4/1857, Sp. 15 f.; 44 f.; 83 f.; 115 f.; 151 f.; 186 f.; 214–216.

Franz Pfeiffer: Ein komisches Rezept. In: Germania 8/1863, S. 63 f.

Bartholomeo Sacchi de Platina: Von der eerlichen zimlichen auch erlaubten Wolust des Leibs. Faksimile der deutschen Erstausgabe Augsburg (Heinrich Steiner) 1542. Mit einem Kommentar von Ursula Fabian. München 1979.

Platina Cremonensis (Bartolomeo Sacchi da Platina): Von der Eerlichen zimlichen / auch erlaubten Wolust des leib, aus dem Lateinischen übertragen von Stephanus Vigilius Pacimontanus. ND der Ausg. 1542. Hildesheim, New York 1980.

Frantz de Rontzier: Kunstbuch von mancherley Essen. (1598) Faksimile mit einem gesonderten Kommentar v. Manfred Lemmer. Leipzig, München 1979.

Marx Rumpolt: Ein New Kochbuch. (1581). Faksimile mit gesondertem Kommentar v. Manfred Lemmer. Leipzig, München, Hildesheim, New York 1976 (ND 1977, 1980).

Johannes Voigt: Aus einem handschriftlichen Kochbuch des XV. Jahrhunderts. In: Anzeiger f. Kunde d. dt. Vorzeit NF 4/1857, Sp. 81–83.

Anna Wecker: Ein köstlich new Kochbuch. (1598). Faksimile mit einem gesonderten Kommentar v. Julius Arndt. München 1977.

Das Kochbuch der Philippine Welser. Hrsg. v. Gerold Hayer. Innsbruck (Pinguin Verlag) 1983, 2 Bde.

Das Kochbuch der Sabina Welserin. Hrsg. v. Hugo Stopp. Mit einer Übersetzung v. Ulrike Gießmann. Heidelberg 1980 (= Germanische Bibliothek. 4. Reihe: Texte).

Zusammenstellungen mittelalterlicher Rezepte durch neuzeitliche Verfasser

Trude Ehlert, Rainer Ehrenschneider, Eugen Droste: Menu für König Artus' Tafelrunde. Rezepte aus spätmittelalterlichen Kochbüchern. In: Irmgart Bitsch, Trude Ehlert, Xenja von Ertzdorff (Hrsgg.): Essen und Trinken in Mittelalter und Neuzeit. Vorträge eines interdisziplinären Symposions vom 10.–13. Juni 1987 an der Justus-Liebig-Universität Gießen. Sigmaringen 1987, S. 277–292.

Hans J. Fahrenkamp: Wie man ein teutsches Mannsbild bey Kräfften hält. Die Küchengeheimnisse des Mittelalters. Frankfurt/M. 1977 (= Fischer Taschenbuch 1912).

Norman Foster: Schlemmen hinter Klostermauern. Die unbekannten Quellen europäischer Kochkunst. Mit 111 Rezepten aus der Klosterküche. Hamburg 1980.

Erna Horn: Köstliches und Curieuses aus alten Kloster- und Pfarrküchen. Gütersloh 1983.

Eveline Jourdan, Ursula Müller: Laßt uns haben gute Speis. 66 der ältesten Kochrezepte aus dem Mittelalter. Stuttgart (Steinkopf) 1984.

So wirt es gut vnd wolgeschmack. Alte deutsche Kochrezepte um 1350–1600. Hrsg., übers. und kommentiert von Manfred Lemmer. Leipzig (Mitteldeutscher Verlag) 1991.

Johanna Maria van Winter: Von Soeter Cokene. Recepten uit de oudheid en middeleeuwen. Haarlem 1976.

Literatur zur Kulturgeschichte, zu Ernährung und Kochen im Mittelalter

Alltagsleben im Spätmittelalter. Hrsg. v. Harry Kühnel. Mit Beiträgen von Helmut Hundsbichler, Gerhard Jaritz, Harry Kühnel u. Elisabeth Vavra. 2. Aufl. Wien, Köln 1985. Darin S. 196–231.

Karl-Ernst Behre: Die Ernährung im Mittelalter. In: Mensch und Umwelt im Mittelalter. Hrsg. v. Bernd Herrmann. Stuttgart 1986, S. 74–87.

Gertrud Benker: In alten Küchen. Einrichtung – Geräte – Kochkunst. München 1987.

Irmgart Bitsch, Trude Ehlert, Xenja von Ertzdorff (Hrsgg.): Essen und Trinken in Mittelalter und Neuzeit. Vorträge eines interdisziplinären Symposions vom 10.–13. Juni 1987 an der Justus-Liebig-Universität Gießen. Sigmaringen 1987.

Arno Borst: Lebensformen im Mittelalter. Frankfurt/M. Berlin 1973. Frankfurt/M., Berlin, Wien 1979 (= Ullstein Taschenbuch 34004).

Otto Borst: Alltagsleben im Mittelalter. Frankfurt/M. 1983 (= insel taschenbuch 513).

Fernand Braudel: Der Alltag. Sozialgeschichte des 15. bis 18. Jahrhunderts. München (Kindler) 1985.

Joachim Bumke: Höfische Kultur. Literatur und Gesellschaft im Mittelalter. München 1986 (= dtv 4442), 2 Bde.

Contribution à l'histoire de la consommation alimentaire du XIVe au XIXe siècle. In: Annales E. S. C 30/1975, S. 405–632.

Karl E. Demandt: Kultur und Leben am Hofe der Katzenellenbogener Grafen. In: Nassauische Annalen 61/1950, S. 149–180. (Methodisch vorbildlich)

U. Dirlmeier: Untersuchungen zu Einkommensverhältnissen und Lebenshaltungskosten in oberdeutschen Städten des Spätmittelalters. Heidelberg 1978 (= Abh. d. Heidelberger Akad. d. Wiss. Phil.-hist. Kl. Jg. 1978, 1. Abh.)

Trude Ehlert: Wissensvermittlung in deutschsprachiger Fachliteratur des Mittelalters, oder: Wie kam die Diätetik in die Kochbücher? In: Würzburger medizinhistorische Mitteilungen 8/1990, S. 137–159.

Eckhard Grunewald: Zecher- und Schlemmerliteratur des deutschen Spätmittelalters. Diss. Köln 1976.

Klaus Guth: Zum Zusammenhang zwischen Wirtschaftsform und Lebensstil im Hochmittelalter. In: Jb. f. fränkische Landesforschung 33/1973, S. 13–37.
Anna Helfrich-Dörner: Messer, Löffel, Gabel – seit wann? Schwäbisch-Hall 1959.
J.-J. Hemandinquer (ed.): Pour une histoire de l'alimentation. Paris 1972 (= Cahiers des Annales 28).
Wolfgang Herborn: Die Familie Schwelm von Weinsberg. Entwicklungsstufen einer bäuerlichen Familie im großstädtischen Milieu an der Schwelle zur Neuzeit. in: Rhein. Jb. f. Volkskunde 25/1983/84, S. 7–26, Lit.liste S. 59–61.
Moriz Heyne: Das deutsche Nahrungswesen von den ältesten geschichtlichen Zeiten bis zum 16. Jahrhundert. Leipzig 1901 (= Fünf Bücher deutscher Hausaltertümer Bd. 2).
Franz Irsigler: Getreidepreise, Getreidehandel und städtische Versorgungspolitik in Köln vornehmlich im 15. und 16. Jahrhundert. In: Die Stadt in der europäischen Geschichte. Fs. Edith Ennen. hrsg. v. Werner Besch u. a. Bonn 1972, S. 571–610.
Franz Irsigler: Ein großbürgerlicher Kölner Haushalt am Ende des 14. Jahrhunderts. In: Fs. f. Matthias Zender. Bonn 1972, Bd. 2, S. 635–668.
Walter Janssen: Essen und Trinken im frühen und hohen Mittelalter aus archäologischer Sicht. In: Liber Castellorum. 40 variaties op het thema kasteel. Hrsg. v. T. J. Hoekstra. Zutphen 1981, S. 324–337.
Wilhelm Janssen: Ein niederrheinischer Fürstenhof um die Mitte des 14. Jahrhunderts. In: Rhein. Vjbll. 34/1970, S. 219–251.
J. Kamann: Aus Nürnberger Haushaltungs- und Rechnungsbüchern des 15. u. 16. Jahrhunderts. In: Mitt. d. Vereins f. Gesch. d. Stadt Nürnberg 6/1886, S. 57–122; 7/1888, S. 39–168.
Gundolf Keil, Marianne Wlodarczyk: Art. ‹Küchenmeisterei›. In: Die deutsche Literatur des Mittelalters. Verfasserlexikon. 2. Aufl. hrsg. v. Kurt Ruh u. a. Berlin, New York 1978 ff., Bd. 5, Sp. 396–400.
Hansjörg Küster: Wo der Pfeffer wächst. Ein Lexikon zur Kulturgeschichte der Gewürze. München (Beck) 1987.
Bruno Laurioux: Le Moyen Age à table. Paris (Adam Biro) 1989.
Manger et boire au Moyen Age. Actes du Colloque de Nice 15–17. Octobre 1982. Nice 1984 (= Publications de la Faculté des Lettres et Sciences humaines de Nice, No. 27, 1ère Série). 2 Bde.
Mensch und Umwelt im Mittelalter. Hrsg. v. Bernd Herrmann. Stuttgart 1986.
Michel Mollat: Die Armen im Mittelalter. München (Beck) 1984.
Franz Pfeiffer: Alte deutsche Kochbücher. In: Serapeum 9/1848, S. 273–285; 10/1849, S. 331–333.
Willy F. C. Pieth: Essen und Trinken im mittelhochdeutschen Epos des 12. und 13. Jahrhunderts. Diss. Greifswald, Druck: Borna, Leipzig 1909.
Werner Rösener: Bauern im Mittelalter. München (Beck) 1985.
D. Saalfeld: Die Sorge um das tägliche Brot. In: Jerôme Blum (Hrsg.): Die bäuerliche Welt. 1982, S. 109–124.
J. Scheidl: Mittelalterliche Dienstbotenkost und ‹Verehrungen› aus dem Indersdorfer Ehaltenbuch von 1493. In: Heimat u. Volkstum 17/1939, S. 209–219.
Günther Schiedlausky: Essen und Trinken. Tafelsitten bis zum Ausgang des Mittelalters. München 1956 (= Bibliothek des Germanischen National-Museums Nürnberg zur deutschen Kunst- und Kulturgeschichte 4). ^{2}1959.
Wolfgang Schivelbusch: Das Paradies des Geschmacks und die Vernunft. Eine Geschichte der Genußmittel. München, Wien (Hanser) 1980. Frankfurt/M., Berlin, Wien 1983 (= Ullstein Taschenbuch 34116).
Traudl Seifert, Ute Sametschek: Die Kochkunst in zwei Jahrtausenden. München o. J.
Reay Tannahill: Kulturgeschichte des Essens. Von der letzten Eiszeit bis heute. München 1979 (= dtv 1430).
Hans J. Teuteberg, Günter Wiegelmann: Unsere tägliche Kost. Studien zur Geschichte des Alltags. Münster (Coppenrath) 1986.

Günter Wiegelmann: Alltags- und Festspeisen. Wandel und gegenwärtige Stellung. Marburg/L. 1967 (= Atlas der deutschen Volkskunde NF, Beiheft 1).
Johanna Maria van Winter: Kochkultur und Speisegewohnheiten spätmittelalterlicher Oberschichten. In: Adelige Sachkultur. Int. Kongreß Krems a. d. Donau 1980. Wien 1982 (= Sb. der Österr. Akad. d. Wiss. Phil.-hist. Kl. 400) (= Veröffentlichungen des Instituts f. Realienkunde Österreichs 5), S. 214–257.
Johanna Maria van Winter: Nahrung auf dem Lobither Zollhaus. Auf Grund der Zollrechnungen aus den Jahren 1426–1427, 1427–1428 und 1428–1429. In: Festschrift J. G. N. Renaud. Zutphen 1981, S. 388–448.
Johanna Maria van Winter: Kochen und Essen im Mittelalter. In: Mensch und Umwelt im Mittelalter. Hrsg. v. Bernd Herrmann. Stuttgart 1986, S. 88–100.
Hans Wiswe: Kulturgeschichte der Kochkunst. Kochbücher und Rezepte aus zwei Jahrtausenden m. einem lexikalischen Anhang zur Fachsprache v. Eva Hepp. München 1970.
H. Wühr: Altes Eßgerät. Löffel, Messer, Gabel. Darmstadt 1961.
Helmut Wurm: Körpergröße und Ernährung der Deutschen im Mittelalter. In: Mensch und Umwelt im Mittelalter. Hrsg. v. Bernd Herrmann. Stuttgart 1986, S. 101–108.
Gerd Zimmermann: Ordensleben und Lebensstandard. Die Cura Corporis in den Ordensvorschriften des abendländischen Hochmittelalters. Münster 1973 (= Beiträge zur Geschichte des alten Mönchtums und des Benediktinerordens 32).
Ignaz V. Zingerle: Mittelalterliche Inventare aus Tirol und Vorarlberg. Mit Sacherklärungen. Innsbruck 1909.

Literatur zur Sprache von Kochrezepten

Anton Birlinger: Zur altdeutschen Küchensprache. In: Alemannia 6/1878, S. 42–48.
Anton Birlinger: Älteres Küchen- und Kellerdeutsch. In: Alemannia 18/1890, S. 244–267.
Michael Giseke: Überlegungen zur sozialen Funktion und Struktur handschriftlicher Rezepte im Mittelalter. In: LiLi 13/1983, H. 51/52, S. 167–184.
Trude Ehlert: «Nehmet ein junges Hun, ertraenckets mit Essig». Zur Syntax spätmittelalterlicher Kochbücher. In: Irmgart Bitsch, Trude Ehlert, Xenja von Ertzdorff (Hrsgg.): Essen und Trinken in Mittelalter und Neuzeit. Vorträge eines interdisziplinären Symposions vom 10.–13. Juni 1987 an der Justus-Liebig-Universität Gießen. Sigmaringen 1987, S. 261–276.
Wolfgang Koch: Weltwissen, Sprachsystem und Textstruktur in einem integrierten Modell der automatischen Sprachverarbeitung. Zum Beispiel Kochrezepte. In: Forschungsprogramm Sprache und Pragmatik. Lund 1988, Projekt No. 4, S. 1–39.
Barbara Sandig: Probleme einer linguistischen Stilistik. In: Linguistik und Didaktik 1/1970, S. 177–194.
Barbara Sandig: Stilistik, Sprachpragmatische Grundlegung der Stilbeschreibung. Berlin 1978, bes. S. 77, 81 f, 95.

Zitatnachweis

Sofern Übersetzungen vorhanden waren, wurden diese, zuweilen mit kleinen Abweichungen, übernommen.

Seite 11 aus: Seifrit Helbling: Gedichte. Hg. von Joseph Seemüller. Halle / S. 1886.

Seite 11 aus: Hugo von Trimberg: Der Renner. Hg. von Gustav Ehrismann. Tübingen 1908 (= Bibl. des lit. Vereins Stuttgart 247).

Seite 32 aus: Der Mönch von Salzburg: ich bin du und du bist ich. Lieder des Mittelalters. Auswahl, Texte u. Worterklärungen v. Franz V. Spechtler. München 1980.

Seiten 42, 158 und 170 aus: Wolfram von Eschenbach: Parzival. Mhd. Text nach der Ausgabe v. Karl Lachmann, Übersetzung u. Nachwort v. Wolfgang Spiewok. Stuttgart 1981 (= Reclams Universal-Bibliothek 3681).

Seite 52 aus: Carmina Burana. Die Lieder der Benediktbeurer Handschrift in vollständiger deutscher Übertragung. Übers. der lat. Texte von Carl Fischer, der mhd. Texte von Hugo Kuhn nach der von B. Bischoff abgeschlossenen kritischen Ausgabe v. Alfons Hilka u. Otto Schumann, Heidelberg 1930–1970. Darmstadt 1975, S. 222 f.

Seiten 64 und 140 aus: Die Gedichte des Königs vom Odenwald. Gesamtausgabe mit einer Einleitung v. Edward Schröder. In: Archiv für Hessische Landesgeschichte und Altertumskunde Neue Folge III/1900, S. 1–92.

Seite 80 aus: Johannes Hadlaub: Die Gedichte des Zürcher Minnesängers. Zürich/München 1986.

Seite 88 aus: Lamprechts Alexander. Hrsg. u. erklärt v. Karl Kinzel. Halle/S. 1885 (= Germanistische Handbibliothek VI).

Seite 102 aus: Wolfram von Eschenbach: Willehalm. Text der 6. Ausgabe von Karl Lachmann. Übersetzung u. Anmerkungen v. Dieter Kartschoke. Berlin 1968.

Seite 122 aus: Wernher der Gärtener: Helmbreht. Mittelhochdeutsch und neuhochdeutsch. Hrsg., übers. u. erläutert v. Fritz Tschirch. Stuttgart 1974 (= Reclams Universal-Bibliothek 9498–9500).

Seiten 182, 202 und 222 aus: Idsteiner Sprüche der Väter. In: Die religiösen Dichtungen des 11. und 12. Jahrhunderts. Nach ihren Formen besprochen u. hrsg. v. Friedrich Maurer. Bd. 1, Tübingen 1964, S. 76–93.

Seiten 214 und 228 aus: Sebastian Brant: Das Narrenschiff. Stuttgart 1980 (= Reclams Universal-Bibliothek 899).

Bildnachweis

Für die Erteilung der Abdrucksgenehmigung danken wir folgenden Stellen:

Historisches Museum Basel: S. 72 (Lazarus-Teppich)
Kunstmuseum Basel (Colorphoto Hans Hinz): S. 68/69 (Hans Hug Kluber: Bildnis der Familie des Basler Zunftmeisters Hans Rudolf Faesch)
Ville de Bayeux (Tapisserie de Bayeux): S. 148/149 (Festmahl nach der Schlacht von Hastings)
Musée Condé, Chantilly: S. 108/109 (Chroniques d'Angleterre)
Germanisches Nationalmuseum Nürnberg: S. 188/189 (Hans Wertinger: Ausschnitt aus dem Monatsbild «Dezember»)
Stadtbibliothek Nürnberg: S. 145 und 185 (Koch und Gastwirt aus dem «Hausbuch der Mendelschen Zwölfbrüderstiftung zu Nürnberg»)
Bibliothèque Nationale, Paris: S. 192 (Grandes chroniques de France)
Österreichische Nationalbibliothek, Wien: S. 105 und 152 («Trij» und «Oculi Animalium» aus «Tacuinum sanitatis»)
Graphische Sammlung der Zentralbibliothek Zürich: S. 112 (Fürstentreffen in Trier: kol. Federzeichnung von 1480).

Die Schwarzweiß-Abbildungen stammen aus:
«Schachtaffeln der Gesundheit ... verteutscht durch Mich(ael) Hero», Straßburg 1533.

Abkürzungsverzeichnis

ABvgSp	Alemannisches Büchlein von guter Speise (Alemannisch, Anf. 15. Jh.; Handschrift München Cgm 384; Ed. Birlinger 1865)
AW	Anna Wecker (Druck, Amberg 1591)
Birl 1888	A. Birlinger: Alte Rezepte (Druck 1626; ed. in: Alemannia 16/1888)
BSt	Balthasar Staindl (Augsburg 1544, Druck; Teiled. Stopp et al. Heidelberg 1980)
BvgSp	Buoch von guoter spîse (Würzburg 1345/52, Handschrift in München UB Cod. ms. 731)
Cgm 415	Jamboninus de Cremona: Puoch von den chosten mit wein ... (Hs. 15. Jh., Bayer. Staatsbibliothek Cgm 415, nicht ed.)
FdR	Frantz de Rontzier (Wolfenbüttel 1594, Druck)
Graz	anonymes Kochbuch (Hs 1609 UB Graz, Ende 15. Jh., nicht ed.)
Inntal	Kochbuch aus dem Inntal (Ende 15., Anf. 16. Jh.; ed. Danner, Ostbair. Grenzmarken 12/1970)
KM	Küchenmeisterei (Nürnberg um 1490, Druck)
ME	Meister Eberhard (Landshut, um 1495, Handschrift in Harburg, Fürstl. Wallersteinsche Bibliothek; Ed. Feyl)
MH	Meister Hansen (Basel 1460, Handschrift in Basel; Teiled. Wackernagel)
MK	Mondseer Kochbuch (Wien, Cod. Vind. 4995, Mitte 15. Jh.; Teilfaksimile Hayer)
MR	Marx Rumpolt (Mainz 1581, Druck)
Nddt.	Niederdeutsches Kb. (um 1500, ed. Wiswe, Braunschweig. Jb. 37/1956)
Platina	Platina Cremonensis (Augsburg 1542, Übers., Druck)
Pfeiffer	(München cod. 355 von 1463; ediert: Ein komisches Rezept. In: Germania 8/1863)
PhW	Philippine Welserin (Nürnberg, Tirol um 1550, Handschrift, Faksimile)
SW	Sabina Welserin (Nürnberg, um 1553, Handschrift in Augsburg, ed. Stopp)
Tsee	Tegernsee (um 1535, Tegernseer Klosterkb., Handschrift, ed. Birlinger, Germania 9/1864)
Voigt	(15. Jh., Auszug aus Cod. Guelf. 78.I. Aug. 8°, ed. Voigt, in: Anz. f. Kunde d. dt. Vorzeit NF 4/1857)
WK	Wiener Kochbuch (Wien, Dorotheen-Kloster, Cod. Vind. 2897, 15. Jh.; Teilfaksimile Hayer)

Alphabetisches Verzeichnis der Rezepte

* Für die Genehmigung, diese gemeinsam mit Rainer Ehrenschneider und Eugen Droste entwickelten Rezepte aus dem Tagungsband «Essen und Trinken in Mittelalter und Neuzeit». Vorträge eines interdisziplinären Symposions vom 10.–13. Juni 1987 an der Justus-Liebig-Universität Gießen, hrsg. v. Irmgard Bitsch, Trude Ehlert, Xenja von Ertzdorff. Jan Thorbecke Verlag, Sigmaringen 1987, S. 277–292, zu übernehmen danke ich den beiden Mitautoren und dem Jan Thorbecke Verlag.

Dank

Die Beschäftigung mit sprachlichen Aspekten vor allem mittelalterlicher Rezepte brachte mich dazu, auszuprobieren, ob sich diese Rezepte für die heutige Küche realisieren ließen. Was dann zunächst als Experiment begann und von ein paar Freunden begutachtet wurde, zog weitere Kreise, als ich 1987 in Gießen mit den Kolleginnen Xenja von Ertzdorff und Irmgard Bitsch ein interdisziplinäres Symposion über «Essen und Trinken in Mittelalter und Neuzeit» veranstaltete, dessen Abschluß ein Mahl nach spätmittelalterlichen Rezepten bildete. Ich übersetzte einige Rezepte und kochte sie nach, unterstützt vom Küchenmeister Rainer Ehrenschneider und Eugen Droste. Als der Artemis-Verlag mit der Idee zu diesem Kochbuch an mich herantrat, hatte ich bereits eine Reihe zum Teil an entlegenen Orten publizierter Rezepte gesammelt; nur in Handschriften überlieferte Rezepte kamen nun hinzu, mußten übersetzt und erprobt werden. Dies vor allem wäre ohne die Freunde und Kollegen, die sich unermüdlich und mit unbestechlicher Zunge zu Testessen bereitfanden und mit Ermunterung und Kritik zu mancher Verbesserung beigetragen haben, nicht möglich gewesen; ihnen möchte ich daher an dieser Stelle herzlich danken. Mein Dank gebührt darüber hinaus der Hessischen Landes- und Hochschulbibliothek, Darmstadt; der Universitätsbibliothek Graz, besonders Herrn Dr. Hans Zotter, der mir auch mit Rat zur Seite stand; der Bayerischen Staatsbibliothek, München; der Österreichischen Nationalbibliothek, Wien sowie der Herzog August Bibliothek, Wolfenbüttel, die mir Mikrofilme von Kochbuchhandschriften zur Verfügung stellten.

Bonn, Januar 1990 *T. E.*